사피엔스의
마음

사피엔스의 마음

안희경 지음

기만당하지 않고
어떻게 당신을
지킬 것인가?

위즈덤하우스

마음의 재발견

내가 '나'를 속이고 남이 '나'를 속인다. 사랑이, 미움이, 부모의 마음이, 사회의 마음이, 그리고 나의 두려움이 진실을 가린다. 우리가 옳다고 믿었던 진실은 실재하는가? 믿는 '나'는 어떤 원리로 작동했던가? 시간 속에서 누구나 자신이 믿었던 진실이 뒤틀리는 경험을 했을 것이다. 행복, 불행, 정의를 심판하는 '나'의 실체를 바라보고자 한다. 내 마음속 남의 마음들을 골라보며 개인의 마음에서 시대의 마음으로 흐르는 길을 조명하려 한다.

마음을 좇겠다는 계획은 2014년 늦봄, 『문명, 그 길을 묻다』를 《경향신문》에 연재하는 중에 품게 됐다. 재레드 다이아몬드, 제러미 리프킨, 장 지글러, 놈 촘스키, 웬델 베리 등 열한 명의 지성과 우리 문명을 진단해가던 시간이다. 시대의 문제, 그 속에서 자유롭지 못한 우리 한반도의 의제까지 주고받으면서 살갗이 벗겨지듯 선명하게 다가오는 지점이 있었다. 세계화의 물결이 얼마나 깊게 일부의 이익을 옹호하는지, 얼마나 은밀하게 다수의 희생을 만들어왔는지를 파고들었다. 지역과 국가 구분 없이 넘나드는 세계의 돈줄은 자원과 노동을 공유하며 생산하던 공동체의 자급 능력을 해체시켰고 소속감도 무력하게 만들었다. '세계화'라 불리는 그 경향 속에서 일하는 이들은 지구촌 노동자들 전체와 몸값을 덤핑 경쟁하는 블랙홀로 빨려들었다. 개인은 시장이 눈치 보는 소비자이자 표를 행사하는 유권자이지만 스스로의 힘을 의심하며 가난해질까 주눅 들게 됐다.

'다수의 약자들은 왜 강자를 위한 선택을 할까?'라는 물음을 떨칠 수 없었다. 답은 '내 마음을 흔드는 힘의 실체를 살피지 못해서가 아닐까'로 모아졌다. '나'의 뜻, '나'의 이익을 알아차리는 힘을 기를 수 있다면 진정으로 자신을 위한 선택을 하리라 여긴다. '나'의 삶이 가능한 조건을 보다 깊이 살핀다면 '나'는 세상 모든 생명과 연결되어 보살핌을 받는 존재라는 자각도 이어지리라 기대한다. '나'의 안녕을 위해 지구 전체가 안녕해야 한다는 각성은 공존의 미래를 건설하는 진전이리라. 이성의 동물이라는 우리가 그 이성을 하루에 몇 분이나 써가며 사는지 점검해보고 싶었다. 감정 따라 선택하고도 논리를 세워 이성적인 판단이라 믿는, 그 휩쓸리는 마음의 작동 원리를 드러내고 싶었다. 사려 깊은 선택이 집단의 미래도 달라지게 할 것이라 생각했다.

21세기이다. 굳이 면벽 수행을 하지 않고도 마음을 살피는 여러 갈래의 길을 과학, 문학, 예술, 사회학, 철학, 그리고 수행력을 가진 이들과의 문답으로 드러내고자 한다.

진화심리학자 스티븐 핑커와는 마음은 어디에 있는지로 말문을 틔웠다. 그는 뇌를 가리켰다. 오랜 진화의 시간 속에서 자리 잡은 사피엔스의 심리를 드러내면서 인간이 동물로서의 본능을 제어하여 이뤄낸 협력의 힘, 이성적 조절력을 강조한다. 서구를 대표하는 시인이자 불교 수행자인 게리 스나이더는 우리의 온몸에 작용하는 감각의 지성을 말한다. 마음에 집중하는 시간을 강조하며 과연 '나'는 어떻게 존재하는지 인지해가도록 한다. 세상 속에서 홀로 존재할 수 없는 '나'의 조건을 확인시킨다. 오늘을 대표하는 뇌과학자 마이클 가자니가와는 사피엔스의 사회적인 마음에 집중했다. 그는 내게 시대의 마음은 오늘을 사는 우리가 만든다는 결론을 내리도록 해줬으며, 각자의 생각과 행동을 조절하는 사회적 장치와 문화가 얼마나 중요한지 짚어줬다. 급격한 변화 속에서 알 수 없는 미래를 살아야 하는 오늘의 인류에게는 결국 다양성을 존중하는 사회 장치를 지켜내는 것뿐 다른 안전장치가 없다는 현실을 마주할 것이다.

언어와 이성을 갖춘 우리는 그럼에도 진영 논리 속에서 일상을 보낸다. 정당이 각자 자기 당을 상징하는 색을 공표하듯 우리 일상은 색깔론에 물들어 있다. 그 배경은 무엇일까? 진화생물학자 로버트 트리버스는 기만과 자기기만에 쉽게 빠질 수밖에 없는 인간의 생존 본능을 설명한다. 자신도 모르는 사이 스스로를 정당화시키고자 조작하는 마음의 자기기만, 그리고 열등감 혹은 확신에 빠져 타인과 세상을 위험에 빠뜨리는 기만의 실체를 제시한다. 이성을 불러내어 이를 알아차리고 현실을 직시하여 스스로를 조절할 기회를 갖게 될 것이다.

인간의 본성을 헤아려도 고통과 아픔을 맞닥뜨릴 수밖에 없는 우리는 스스로에게, 그리고 타인에게 어떻게 다가가야 할까? 이해인 수녀가 터득한 삶의 지혜 속에서 마음을 전하는 태도를 가다듬어본다. 삶을 너덜거리지 않게 보듬도록 하는 에너지는 사랑일 것이다. 스스로를 어루만지고자 우리는 타인에게 닿으려 한다. 사랑을 꿈꾼다. 하지만 그곳에서 인간은 곧잘 울부짖는다. "어떻게 사랑이 변하니?" 시대를 대표했던 사회학자 지그문트 바우만과 그의 연인이자 유럽의 지성 알렉산드라 야신스카 카니아는 사랑의 쓰라린 진실을 말했다. "매일 우리가 맞는 아침은 사랑을 위해 다시 창조하고, 다시 규정하고, 다시 버리고 조정해야 하는 24시간으로 찾아온다." 21세기 사랑에 대해 영국 리즈에서 지그문트, 알렉산드라 커플과 나눈 이야기이다. 그리고 2017년 1월 9일 바우만은 91세의 일기로 타계했다. 그가 떠났다는 소식을 듣고 나는 무릎이 꺾였다. 고작 두 번의 만남을 가졌을 뿐이지만, 그는 매번 내 무지의 더께를 쪼개어 세상을 한 뼘 더 깊숙이 들어가 통찰하도록 해줬기 때문이다. 바우만이 전하는 사랑의 진실, 삶의 진실을 대면하길 바란다. 그는 유동하는 21세기일지라도 사랑은 한 발 내디뎌볼 만한 가치가 있다고 귀띔했다.

이사벨 아옌데와는 공존과 평화를 일궈내는 여성의 마음을 엿봤다. 성염색체로 규정되는 여성이 아니라 자원 쟁탈과 경제 성장을 추구해온 인류의 역사에서 부수적인 가치로 배제시킨 '돌봄'을 담당해야 했던 여성의 힘, 주류에서 배제됐기에 지켜올 수 있었던 약자에게 공감하는 마음을 말한다. 불평등이 심화되는 오늘날, 젠더적 여성성이 갖는 희망을 발견하도록 한다.

과연 우리는 '나의 뜻'대로 나의 삶을 살아가고 있을까? 마루야마 겐지에게 우리 일상에 스며들어 있는 집단의식을 드러내보고 싶다고 편지를 썼다. 그는 흔쾌히 응했고, 열정적으로 국가라는 허상, 권위라는 허울 속에서 춤추는 개인의 잠든 이성을 흔들어 깨웠다. 무엇이 성성한 이성을 지속시킬까? 중국어권을 대표하는 작가 장쉰은 거침없이 고독하라고 조언한다. 오늘 우리를 옭아맨 질서는 과거의 습관이기에 주류 사회로부터 고독하게 돌아서라 당부한다. 홀로 있는 고독 속에서 현재를 온전히 느끼며 바라볼 수 있는 감각을 키우자고 이야기한다. 그것을 토대로 자신이 원하는 질서를 스스로 만드는 일에 성큼 다가갈 수 있으리라.

삶의 흔적들을 내보이며 공공 미술로, 비엔날레를 통해, 세계 곳곳의 미술관에서 인간의 유한성을 드러내온 아티스트 크리스티앙 볼탕스키는 선과 악에 대해 말한다. 엄밀히 말하면 모든 인간 안에 내재되어 있는 그 양면성과, 권한이 주어지면 언제나 행사해온 인간의 지배 본능을 들춰낸다. 그러하기에 그는 유토피아를 경계하라고 경고한다. 종교 속으로, 이데올로기 속으로 스며드는 집단적 광기의 위험은 늘 평범한 삶과 함께해왔음을 상기시킨다.

마음의 작용을 살피면서 공존할 수 있는 미래를 선택하는 일도 결국 '나는 어떻게 살아가는가'에 달려 있을 것이다. 종림 스님은 욕망과 무지에 대해 이야기한다. 잘 살고 싶고 뭔가를 하고 싶어 하는 욕망은 없애거나 억눌러야 할 대상이 아니라 자유로이 일어나도록 살려야 하는 대상이라고 규정한다. 그렇다면 나의 욕망과 남의 욕망이 어떻게 서로 억누르지 않고 어우러질 수 있을까? 종림 스님은 마음이라는 틀 안의 내용을 비우자고 제안했다. 서로를 보장하고 존중하는 길을 비움 속에서 찾는다. 마지막으로 철학자 셸리 케이건과 함께 죽음을 마주한다. 그는 죽음이 삶을 부른다고 했다. 우리는 자신의 유한함과 끝을 충분히 인지할 때 살아 있는 순간을 허투루 보낼 수 없기 때문이다. 그리고 그에게 사랑에 대해 물었다. 로맨틱한 사랑 말이다. 정념을 미루고 차단하려 하는 오늘의 청춘들을 보며 애달픔이 일었다. 사랑은 다른 이의 가치를 발견하며 그 주변의 관계까지 마주하도록 해주는 창이기에 개인의 삶을 든든하게 보듬는 연대의 시작이다. 내 생각에 케이건은 사랑은 또한 스스로의 가치를 발견하는 길목이라는 통찰을 더했다.

2014년 겨울부터 봄, 여름, 가을까지 열세 명의 지성들과 대화했다. 서울과 부산의 겨울에서 영국 리즈의 겨울로, 다시 파리의 겨울을 거쳐 혹한의 폭설주의보가 내린 보스턴의 겨울까지 옷깃 여미며 가슴 데우는 시간을 가졌다. 봄, 2월부터 흐드러지게 피어나는 캘리포니아 꽃의 향연을 4월 대륙의 동쪽 끝 뉴저지에서 망울 터지는 벚꽃으로 다시 맞았다. 남부 캘리포니아, 서울, 타이베이, 일본 시나노 오오마치의 여름에서 뉴헤이븐 예일대 고즈넉한 가을의 문턱까지, 그렇게 사계절 내내 마음을 품으며 순례했다. 20만 리 길이었다. 힘에 부쳐 호흡이 가빠오기도 하고 질문을 찾아 막막한 내 마음속을 헤매기도 한 가파른 여정이었다.

들판을 뒤덮는 강아지풀처럼 세상에 왔다 간 무수한 이들의 생각, 그들의 행동이 오늘 우리가 사는 세상을 만들어놓았음을 확인하게 됐다. 사려 깊게 길러낸 생각들, 졸인 마음 다잡고 옮겨낸 행동들이 세상의 억압을 녹여온 힘이었다. 살기 위해 살았다 하더라도 무수한

'나'들이 살아낸 일상이 오늘을 움직이는 관성으로 이어진다. 그들인들 알 수 없이 들이칠 시간에 대한 두려움이 없었을까. 그럼에도 사람답게 살려고 버둥거린 그 힘에 오늘 나 또한 인간으로 사는 시간을 희망한다.

언젠가 억압이 소멸된 시간이 만들어지고 내 일상도 그 안에 고임돌이 될지 모른다 생각하니 어금니에 힘이 실린다. 정성껏 살아보자, 눈이 뜨인다. 과거의 힘이 나의 오늘을 살리듯 내 마음이 내일 누군가의 일상으로 이어지리라.

2017년 10월
캘리포니아에서
안희경

차례

01
**마음과
뇌**

마음은
어떻게
작동하는가

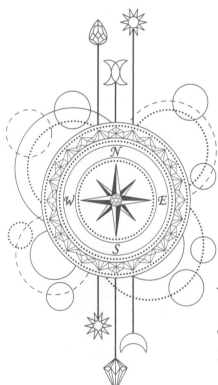

스티븐 핑커
진화심리학자

스물일곱 살 여름, 사찰에서 진행하는 나흘간의 단기 출가, 템플스테이에 참가했다. 짙푸른 금송이 가득한 가야산 해인사에서 출가수행자의 일상을 경험하는 마음 찾기 여행이었다. 나는 타의에 의해 어쩔 수 없이 참가했다. 엄격한 일과도, 오전과 오후 한 시간씩 가부좌를 틀고 앉아 마음을 보는 참선 시간도 내키지 않았다. 새벽 3시 반 기상보다, 김치 한 조각으로 바리때를 헹궈 들이켜는 식사보다, 1080배보다 참선 시간이 더 암담했다. 어디에 있을지 모를 마음을 찾아야 한다니. 있기는 한지조차 의심스러웠다.

　화두라는 것을 받았다. '이 뭐꼬'를 생각하며 마음을 들여다보라 했다. 다리 저림도 고통이었고, 하필 식후에 배치된 일정도 원망스러웠지만, 도대체 '이 뭐꼬'가 뭔지 알 길이 없어 더 짜증스러웠다. '이 뭐꼬'라는 말뜻을 좇아 주리 틀리는 몸을 가둔 채 풀다 풀다 못 푼 백년 같은 한 시간. 정작 마음에는 1밀리미터도 다가가지 못했다. 시간의 변화무쌍함만을 몸으로 익혔다. 운 좋게 창가에 앉아 가야산의 경치를 힐끔거리며 1초, 2초…… 60초를 반복해서 헤아려 통과한 여덟 시간의 흐름이란 주관 속에서 무한정 늘어질 수 있는 상대적 속도임을 확인했다.

상경하고 나서야 '이 뭐꼬'는 '이 무엇인가?'의 경상도 사투리라는 것을 알았다. "차라리 '마음이란 무엇인가?', '나는 무엇인가?'라고 묻지"라며 입을 씰룩였지만, 퀴즈 같은 단어였기에 그 안에 갇혀 한 질문만 붙들고 있기가 어렵다는 것을 알게 됐는지도 모를 일이다. 정글에 길을 내듯 순식간에 무성해지는 잡생각을 쳐내며 하나의 생각에 다가가는 길은 진력났다. 하지만 그리 억울해할 일은 아니었다. 삶속으로 들어오는 온갖 일은 때론 알 수 없는 곳으로 튀어가며 어느 순간 느닷없는 성장을 부르기도 한다. 삶은 꼭 연역적이지 않다.

마음을 손에 잡히는 찻잔처럼 보여주고자 질문 여정을 떠나는 길. 아마도 그 기획의 시작은 열여덟 해 전 그때인 듯하다.

마음을 찾아서

마음으로 가는 길. 친절하게 안내하고 싶었다. 첫 인터뷰로 스티븐 핑커를 떠올린 것도 그런 이유에서다. 그는 과학자이자 진화심리학자로 인간의 마음을 오랫동안 다뤄왔다. 물그림자처럼 다가가면 사라지듯 통용되는 마음을 그는 익숙한 언어로 설명해주리라 기대했다.

마음이라는 낱말에 내려앉은 수천 년의 형이상학적인 위엄을 덜어내고자 '21세기 마음은 어떻게 작동하는가?'라는 제목을 붙여 이메일을 보냈다. 사흘 뒤 기쁘게 응하겠다는 답장을 받았다. 이십 일 뒤 그의 연구실에서 만나자고.

2월의 보스턴은 눈 덮인 경주 같았다. 모퉁이마다 왕릉처럼 쌓인 눈 더미가 도심의 레이아웃을 바꿔놓았다. 하버드 대학교 역시 두툼한 눈 뭉치를 이고 있었다. 지붕 위에 얼어붙은 눈이 햇살을 반사하며 빛을 뿜었다. 투명한 마음이 상대의 어둠까지 거둬 가듯 하늘 가까운 공간은 더욱 밝았다.

약속 시각보다 삼십 분 일찍인 1시 반에 심리학과 빌딩인 윌리엄 제임스 홀을 찾았다. 십오 분 전, 준비를 마치고 스티븐 핑커의 연구실 문을 두드렸다. 잠잠했다. 복도를 한 바퀴 돌아 발견한 조교에게 물으니 그는 건물 밖으로 나갔다고 했다. 별수 없이 복도 소파에 걸터앉았다. 엘리베이터 벽 위에 걸려 있는 둥근 시계를 올려다보면서 내가 돌아갈 비행기 시각과 만일에 생길 변수를 계산했다. 한 시간은 기다릴 수 있겠다는 답이 나와 포갰던 다리를 풀었다.

몇 날을 궁리한 첫 질문을 알사탕처럼 입안에서 굴려봤다. 그의 대답이 우리 대화를 어디인가로 끌고 갈 것이다. 인터뷰에 늘 도사리고 있는, 실제로 인터뷰하기 전까지는 알 수 없는 방향성이다. 첫 질문, 그 전에 어색함을 풀기 위해 던지는 사소한 덕담, 인터뷰 공간에 놓인 소품에 대한 지나가는 품평마저도 때로는 대화를 뒤틀어버린다. 그래서 나는 첫 질문과 녹음기만을 준비해 간다. 그 첫 질문조차 바뀌기도 하지만. 세상에 나오지 않은 상대의 생각을 만나는 동안 함께 써

내려가고자 마련하는 나의 장치라고 할까. 내 간장을 더 졸여내는 덫이라고 할까.

2시 정각. 엘리베이터 문이 열렸다. 탱글탱글 곱슬한 명주실 같은 머리칼을 날리며 스티븐 핑커가 걸어 나왔다.

그의 방, 테이블 뒤편 책꽂이 선반 위로 유리병에 갇힌 한 인간의 뇌가 놓여 있었다. 그에게 아는 사람이냐고 물으니 모른다고 했다. 다만 "지금은 각별한 사이"라고 했다. "십구 년을 꼬박 심리학을 안내하는 대규모 강의실에 함께 입장했으니까요."

그에게 첫 질문을 건넸다. 찰나의 침묵 후 그가 목을 앞으로 빼며 답하기 시작했다.

마음은 뇌의 활동

○ 마음, 어디에 있나요?

● 그 질문에 답이 있다면 뇌가 맞을 것입니다. 마음은 뇌의 활동입니다.

○ 한국의 선가에 전해져 오는 이야기가 있어요. 괴로움에 지친 이가 유명한 노선사를 찾아가 마음이 너무 아프다며 답을 구했습니다. 스님은 "네 마음을 보여다오. 그럼 내가 고쳐줄게"라고 했죠. 오래도록 내려오는 이야기입니다. 그만큼 우리가 실체 없는 마음에 끌려다닌다는 공감을 얻었기에 가능했겠죠. 마음에 관한 당신의 정의는 매우 물질적입니다.

● 뇌의 활동이 마음인 거죠. 예를 들면 (유리병을 가리키며) 여기 있는 뇌는 마음을 갖지 못합니다. 죽었으니까요. 아무 활동이 없기 때문이죠.

○ 저는 마음은 경험이라는 생각이 들어요. 화나거나 연민이 일거나 미움이 생길 때 숨을 고르고 가만 들여다보면 그런 반응을 일으키는 것은 상대를 비추는 제 경험이었습니다. 선입견이기도 하고요. 그 속에는 책, 드라마, 문화 등 이전에 제가 흡수한 모든 것이 있습니다.

● 우리가 경험을 가질 수 있는 배경 역시 뇌에서 활동이 이뤄지기 때문입니다. 그리고 "경험이라는 생각이 든다"고 말할 때도 뇌에서는 축적된 경험을 주관적으로 해석하는 활동이 일어나죠. 그것이 마음입니다. 만약 뇌에 물리적으로 변화를 준다면 다른 경험을 하게 되죠.

누군가가 환각을 유발하는 약을 먹는다면 이전과 다른 경험을 하게 됩니다. 신경외과 의사가 당신 뇌의 반쪽에 마취제를 투약하면 어떻게 될까요? 말하거나 이해하는 능력을 잃을 수 있습니다. 뇌의 일부에 전자 자극을 줘도 경험이 일어나요. 심리학자가 뇌 스캐너 속으로 어떤 사람의 머리를 넣고 그에게 누군가를 떠올리게 하거나 특정 물체를 상상하게 하고 어떤 문장을 말하게 한다면, 심리학자는 뇌 스캐너로 뇌의 특정 부위가 활성화되는 것을 보게 됩니다.

○ 머리에 상해를 입고 뇌를 다친 사람에게 보통 환자라고 부르거나 정상이 아니라고 말하지 "이 사람의 마음에 문제가 생겼구나"라고 표현하지는

않아요.

● 네, 다들 그렇게 말하죠. 좋아요. 그런데 뇌의 어떤 부분이 손상되면 마음도 매우 다르게 움직일 수 있거든요. 경험이 달라지니까요. 예를 들어 뇌를 다치고 나서 대상이나 얼굴을 알아보지 못하기도 합니다. 눈앞에 뭔가가 있다는 것은 알지만 그것이 무엇인지 개념이 생기지 않는 거죠. 이해하지 못하는 언어로 된 인쇄물을 읽는 것처럼요. 밑줄 친 것은 볼 수 있어요. 잉크가 어디에 묻어 있는지도 구분하고요. 그렇지만 그 글이 무슨 의미인지는 들어오지 않는 겁니다.

어떤 사람은 뇌 손상으로 연필, 빗, 책, 샌드위치 같은 단어를 쓰기는 하지만 이해하지 못하는 고통을 당합니다. 경험이 달라져서 그래요. 뇌의 다른 부분에 상처를 입으면 상대의 말을 듣기는 하지만 그저 '라라라라라라라~' 정도로 다가와요. 언어로 경험하지 못한다는 거죠.

전두엽이 손상되면 샤워실에서 몇 시간이고 있기도 합니다. 스스로 생각할 수가 없어서죠. '아! 내가 여기 십 분쯤 있었구나. 이제 나가야지.' 이런 생각을 못 합니다. 뇌의 모든 부분은 그곳이 손상되면 경험을 바꾸는 결과를 초래합니다. 경험도 뇌의 활동에 의존합니다.

○ **감정에도 작용하나요?**

● 그럼요. 화학약품을 먹으면 기분이 달라지잖아요. 팩실(Paxil)이나 졸로프(Zolof) 같은 항우울제를 먹는 이유가 거기 있죠. 화학 성분에 따라 기분이 좌우된다는 것을 보여줍니다.

○ 관계는 어떻습니까? 우리가 마음에 관해 알고 싶다고 할 때는 내 마음을 내 뜻대로 하고 싶은 욕구와 남을 내 뜻대로 움직이고 싶은 욕구, 관계 속에서 자유롭고자 하는 욕구가 있습니다.

● 그 또한 마음의 일부분입니다. 우리는 관계 속에 있는 타인에 대해 개념(conception)을 갖고 있어요. 그가 당장 눈앞에 있지 않더라도 그를 얼마나 사랑하는지, 또는 얼마나 미워하는지 생각하죠. 그러다 그를 마주하면 자기 생각 속에 있던 감정과 느낌이 금방 되살아납니다. 관계 또한 마음의 일부인 거죠.

○ 그래서 "마음은 뇌의 작용이다"라고 정의하셨는데요. 만약 아무런 손상 없이 뇌가 건강하다면 행복할까요?

● 뇌가 건강한데도 불행하다고 느끼기 직전에 있는 사람들이 있습니다. 반면 어떤 일이 닥치더라도 웬만큼 좋은 기분을 유지하는 사람도 있습니다. 아주 기쁜 일에도 곧 비참한 상태로 되돌아가는 사람도 있고요. 행복의 수위는 사람마다 차이를 보입니다. 사람마다 뇌가 다르게 조합되어 있기 때문입니다. 차이가 미미한 회로들이죠. 아직 건강하다고 불리는 범위 안에 있는 사람들도 각자 다양한 차이를 보입니다.

○ 싯다르타는 고통에 관해 참구했습니다. 그는 마음의 작용에 관해 생각했죠. 마음을 연구하는 당신의 동기는 무엇이었나요?

● 첫째 이유는 (머리를 가리키며) 이 기관에서 어떻게 우리의 이미지, 기억, 욕망, 생각이 일어나도록 하는가. 나는 이 문제에 강렬하게

사로잡혔습니다. 세상에, 이 모두가 뇌의 활동에서 나오다니! 어떻게 이런 일이 일어날 수 있죠? 어마어마한 과학 퍼즐입니다.

두 번째 이유는 이 공부가 실제로 내 삶에 통찰을 준다는 것입니다. 왜 화를 냈을까? 왜 기분이 처질까? 왜 어떤 사실은 기억하면서 다른 사실은 잊어버릴까? 그리고 이는 정치, 경제, 역사와 연결됩니다. 사람들은 왜 전쟁을 일으킬까? 가장 효과적인 정부의 틀은 무엇일까? 법이 존재하지만, 어쩌면 우리는 무정부적 질서를 지향해야 하는 것 아닐까? 돈을 꼭 각자 벌어 소유해야 하나, 아니면 모두가 함께 공유하는 것이 바람직할까? 이런 정치적인 질문은 결국 인간 본성에 관한 질문으로 귀결됩니다. 바로 '뇌는 어떻게 작용하는가'에 관한 질문이죠.

위대한 철학자들은 심리학자이기도 했습니다. 우리가 그들의 과업을 심리학으로 부르지 않는 이유는 당시에는 심리학이라는 말이 아직 생겨나지 않았기 때문입니다. 그들은 감성, 기억, 자아 개념에 관해 글을 썼어요. 오늘날 심리학자들이 연구하는 주제들이죠. 오래전 위대한 철학자들 역시 추론과 합리성을 다루는 인지에 관해 쓴 것입니다.

마음 조정자와 무수한 자아들

○ 당신을 끌고 가는 물음 역시 2,500년 전 싯다르타, 소크라테스, 플라톤이 참구한 의미와 통한다고 봅니다. 마음은 누가 조정하나요?

● 스스로 조절합니다. 마음은 뇌의 서로 다른 부분들이 항상 소통하는 시스템이거든요. 어느 한 부분이 전체를 책임지지 않습니다. 아주 많은 다른 부분들이 서로를 조절해요. 덥다, 불편하다, 또 신발이 너무 꽉 낀다, 이런 것을 서로 소통하며 관리합니다. 초조해서 땅콩을 집어 먹는데, 문득 뇌의 상위 부분이 알아차리죠. "어! 다이어트 중인데!" 땅콩이 먹음직스러워도 자제해야겠다는 생각이 뒤따릅니다. 그러면 뇌의 다른 부분에서 이에 대한 책임을 실행해요. 이렇게 마음의 여러 부분 사이에 대화가 이뤄집니다. 모두가 견제하고 겨루면서 조절하는 거죠.

○ 종교 지도자나 사상가들은 우리에게 내면의 소리에 귀 기울이라고 합니다. 우리 안에는 '진정한 나(true self)'가 있다고 말이죠. 성찰을 이야기합니다.

● 심리학자들은 대부분 나와 같은 생각을 할 거예요. 우리 안에 어떤 '진정한 자아'가 있다고 여기지 않습니다. 그렇게 되면 스스로를 자주 속이게 됩니다. 몰입하면서 원인을 궁리하거나 근거를 찾아가고, 바로 우리가 진정한 자아라고 여기는 그것을 좇다가 자기기만에 빠질 수 있어요. 스스로를 바보로 만드는 거죠.

○ 명상이나 기도를 하면서 신의 뜻을 만났다고 말하기도 하죠. 자신이 정한 그 길이 옳다는 응답을 들었다면서요. 그 또한 자기 욕망에 스스로 정당성을 부여하는 자기기만일 수 있습니다.

● '진정한 자아'는 없습니다. 대신 '한 묶음의 수많은 다른 자아(a

bunch of selves)'가 있죠. 서로 다른 자아들이 서로 다른 모습을 서로 다른 상대에게 드러냅니다. 연인에게, 가족에게, 친구에게, 또 낯선 이들에게 때에 따라 달리 보이죠. 우리가 스스로 찾았다고 생각하는 자아조차 일종의 시스템입니다.

○ 과학자로서의 시선인데요. 더글라스 호프스태터, 빌라야누르 라마찬드란 등 여러 과학자들은 자아에 대한 연구를 발표해왔습니다.

● 자아를 연구하는 일은 매우 매력적이고 중요합니다. 하지만 그들은 과학적으로 연구합니다.

○ 과학적인 것과 철학적인 것은 어떻게 다른가요?

● 만약 철학에 과학으로 얻은 정보가 포함되어 있다면 이는 과학의 일부라고 생각해요. 하나의 성취를 이루도록 과학이 조력했으니까요. 그렇다고 해서 같은 방식으로 반추하지는 않습니다. 우리는 자아를 더 체계적으로 연구해야 합니다. 과학과 불교가 함께할 수 없는 것도 아닙니다. 달라이 라마는 대단한 과학 팬입니다.

과학은 우리 인식의 한계에 대한 정보를 줄 수 있죠. 예를 들어 사람들이 얼마나 자기 자신을 과대평가하는지를 보여줍니다. 50퍼센트가 넘는 사람들이 자신의 운전 실력, 지적 능력 등을 아주 긍정적으로 생각해요. 다른 한편으로 과학은 내가 생각하는 만큼 내가 대단하지 않다는 것도 알려줍니다. 또 대부분의 사람들이 매우 명확하게 대상을 기억한다고 생각하는데 실제로는 그렇지 않은 경우가 다반사예요. 직관적인 추론이 일어났을 때 과학은 되새겨보라고 조언합니다. 실수할 수 있으니까요. 과학은 수만 가지 진실을 말합니다.

○ 사회가 복잡하게 발달하고 여러 분야로 다양해지면서 과학과 인문학이 분리되고 세분화됐다고 봅니다. 현대에도 철학과 과학은 함께 상승작용을 하고 있어요. 당신은 진화심리학자로서 마음은 아주 오래전에 디자인됐다고 했습니다.

● 자연적인 선택에 의해 진행됐죠.

○ 고고학에 관해 더 많이 안다면 현재 우리의 마음, 또 세상까지 훨씬 잘 읽어낼 수 있다는 뜻인가요?

● 과거를 더 안다면 현재 더 현명할 수 있겠죠. 어린아이들은 읽기에 서툰 반면, 성인은 많이들 읽을 줄 압니다. 하지만 난독증에 시달리는 사람도 많죠. 이는 '읽기'가 인간의 역사에서 아주 최근에 나타났다는 방증입니다. 인간의 뇌가 아직 읽기에 맞춰지지 않은 거예요. 말하기에는 적응되어 있습니다. 말을 배우러 학교에 가지는 않잖아요. 하지만 읽기는 배워야 합니다.

다른 예로 입맛을 들 수 있어요. 몸에 안 좋다는 설탕과 소금, 지방을 많이 섭취하는 이유는 입맛이 기아에 허덕이던 시절에 맞게 적응되어 있기 때문입니다. 설탕이나 지방을 섭취하며 기근에 대비하는 거죠. 비만을 염려하는 나라에서는 결코 굶주릴 일이 없을 텐데도 그런 음식을 보며 입맛을 다신다는 것은 뇌가 과거에 맞춰져 있다는 이야기가 됩니다.

두려움도 마찬가지예요. 많은 사람이 거미와 뱀을 무서워합니다.

운전하면서 문자 보내는 일쯤은 아무렇지도 않게 여기면서 말이죠. 위험하기로 따지자면 후자가 더한데도 사람들은 거미가 나타났을 때 훨씬 진저리 칩니다. 이제 거미 따위는 신경 쓰지 않아도 됩니다. 대부분 독이 없어졌어요.

옛날에는 화나면 거칠게 대응하고 직접 복수하려는 폭력적인 반응을 키웠습니다. 스스로 보호하기 위해서였죠. 요즘은 분쟁을 조정하는 방법들이 있습니다. 그런데도 사람들은 아직 무시당했다 싶으면 싸우려 듭니다. 이 또한 과거가 우리 뇌를 지배하는 예들 중 하나예요.

인간의 본성에 대하여

○ 오늘날 세상은 매일매일이 경쟁입니다. 세계화되면서 온 세상 노동자들이 최저가를 향한 경쟁에 내몰렸습니다. 신자유주의는 개인에게 '각자도생'하라고 강요하죠. 진화심리학자로서 이런 경쟁이 인간의 본성에 맞는다고 보나요? 프린스턴 대학교의 윤리학자 피터 싱어는 인간은 본성적으로 협력해왔다고 설명합니다.

● 협력에는 두 가지 다른 면이 있습니다. 내가 뭔가를 팔려고 당신에게 제안하고 당신이 만족해서 나한테서 산다면 우리는 협조하는 거죠. 그런데 다른 누군가가 같은 물건을 더 싸게 팔려고 하면 나는 그와 경쟁하는 거고요. 경쟁과 협력은 동전의 양면이에요. 내가 다른 사람과 가격 경쟁을 한다고 해서 당신과 협력하지 않는다는 의

미는 아닌 거죠.

○ 기업이 이윤을 추구하면서 직원들의 임금을 삭감하는 경영 행위가 생존 경쟁이라는 틀에서 바라본다면 일자리를 보존하는 방법이 될 수도 있습니다. 하지만 다수 노동자들의 삶을 보면, 정규직이 비정규직으로 전환되고 수시로 구조 조정 바람이 부니 불안해질 수밖에 없습니다. 과연 인간의 삶이란 원래 이렇게 팍팍하고 타인을 밟아야 이어갈 수 있는지 묻게 됩니다. 게다가 얼마 전 한국의 어느 정치인은 함께 살아가는 해법이기도 한 복지에 대해 "복지, 복지 하는데 복지가 잘되면 국민이 게을러진다"고 말했어요.

● 미국에서도 자주 벌어지는 논쟁입니다. 공화당 대통령 후보였던 미트 롬니는 "47퍼센트는 일하고 53퍼센트는 거기에 얹혀 산다"라고 말했죠. 너무나 멍청한 논쟁입니다. 주변에는 운 나쁜 사람들이 있어요. 아파서 실직하거나, 도시에 하나밖에 없는 기업이 파산하면서 도시 사람들 대부분이 실직하거나 하는 불행들이 무수히 일어납니다. 물론 젊고 건장한 사내가 일 안 하면서 복지 기금으로 살기도 해요. 둘 다 벌어집니다. 그렇다고 해서 어느 한쪽으로 결정을 내려야 한다고 갑론을박해야 할까요? 아닙니다. 우리는 현재의 복지 정책을 더 발전시킬 방법을 모색해야 합니다. 불행으로 낙오된 자가 희생하는 것이 당연하다고 말할 수 있는 자격, 우리 누구에게도 없습니다.

○ 질문을 좀 바꿔보죠. 협력과 경쟁 가운데 어느 면이 인간의 본성에 더 가까울까요?

● 양쪽 다라고 봅니다. 여러 요인 때문이죠. 개인차도 있고요. 자기 원칙이 있고 이타적이며 사려 깊은 사람이 있는가 하면, 나태하거나 시스템을 최대한 이용하려는 사람도 있습니다. 모두를 위한 하나의 답은 없어요. 어떻게 생각하고 어떤 그룹에 속해 있는가에 따라 답은 달라집니다. 가족 안에서라면 흔쾌히 협력할 거예요. 같은 종교나 종족, 같은 파벌끼리라면 협력하겠죠. 하지만 내 나라가 반대파의 수중에 있다면 협력하지 않을 겁니다. 국민의 4분의 3이 나와 신념이 다른 반대파라면 어떨까요? 실제로 이라크에서 벌어지는 대립입니다. 이 문제는 매우 복잡합니다. 한 문장으로 답하기 힘듭니다. 그리고 사람이 이기적인지, 너그러운지 묻는 것은 나쁜 질문입니다. 인간은 복잡하니까요. 나와 대적하는 부족이 눈앞에 나타나면 이기적이 되고, 거기서 자기 아이가 막 달려 나오면 그때는 또 너그러워지거든요. 협력과 경쟁 중 어느 쪽이 인간의 본성이냐고 물을 수 없습니다. 둘 다 답이 될 수 있으니까요.

○ 다윈주의를 내세워 인간은 정글의 법칙에 맞게 경쟁하며 자신의 먹을 것을 쟁취해왔으므로 규제를 풀어 자유 시장 경쟁을 해야 한다는 사회진화론적 경제 논리도 나쁜 질문, 나쁜 해석이겠군요. 나쁜 질문 하나만 더 하죠. 자본주의는 인간 본성에 맞는 제도인가요?

● 아닙니다. 그렇지만 이 질문은 세분해서 접근해야겠네요. 두 가지 질문이 가능합니다. 첫째, 우리를 가만히 놔둬도 자연스럽게 자본주의 사회를 형성할까요? 내 답은 '아니다'입니다. 같은 추론으로 기술도, 민주주의도, 법률도 저절로 생겨나지 않습니다. 자본주의는 오

랜 기간을 지나며 형성된 기관들이 어울려 기능을 갖춰야 존재할 수 있는 시스템입니다. 돈이 없다면 자본주의는 없을 거예요. 법적 계약이 없어도 자본주의는 불가능하고요. 나도 이 연구실에 나 혼자 힘으로 앉아 있는 것이 아니죠. 계약을 맺고 왔으니까요. 정부가 있어 계약 이행을 강제할 수 있을 때 우리는 서명을 합니다. 그러자면 수천 명이 필요해요. 변호사, 회계사 등등. 자본주의는 시스템입니다. 인위적인 제도죠. 둘째, 자본주의가 사람들에게 행복과 더 나은 생활을 누리도록 이끄는 최선의 길일까요? 이는 차원이 다른 질문이 되겠죠. 답도 달라집니다.

○ 인간의 본성을 넘어 의견을 조정하고 세상을 진전시킨 인류의 역사와 문화 속에서 답을 찾아야겠다는 생각이 드네요. 인간에게도 사촌인 침팬지처럼 서열을 지어 계급사회를 유지하려는 본성이 있습니다. 특히 불평등, 승자 독식의 경향을 보면 역사 속에서 지향해온 평등과 타인을 존중하는 가치를 계속 밀고 나갈 수 있을지 의문이 듭니다.

● 똑똑한 침팬지들도 계급사회를 고치지 못했죠. 좋아하는 암놈이 있으면 그 옆에 있는 수놈을 쓰러뜨리고 차지하는 알파 포지션입니다.

○ 알파라는 우두머리 지위를 얻는 거죠. 다른 침팬지들이 그 아래로 서열을 지어 살지만 언제라도 힘겨루기를 통해 자리가 바뀔 수 있으니 스트레스가 엄청나고요.

● 인간으로서 우리가 나은 부분은 침팬지보다 영리하다는 것입

니다. 우리는 특정 기관을 만들어 계급이 양산하는 해로움을 줄일 수 있어요. 군주제나 독재는 우리 안에 있는 침팬지의 유산이 과장된 경우이고, 민주주의는 우리 안의 침팬지 경향성을 막는 시도였습니다. 민주주의는 알파가 되어 우두머리 지위에 너무 오래 있는 것 또는 알파로서의 지위를 남용하는 것을 막기 위한 제도이기도 하죠.

○ **민주적인 마음을 확장한다면 먼 훗날 우리 마음도 평화주의로 진화할까요?**

● 다윈의 진화론이 갖는 글자 그대로의 의미 안에서는 진화하지 않겠죠. 이런 종류의 진화는 아주 오랜 시간이 걸려야 자리 잡을 수 있으니까요. 그리고 이는 어떤 형질을 가진 사람들이 다른 형질을 가진 사람들보다 자손을 더 많이 퍼뜨릴 때에야 가능합니다. 사실 나는 독재나 군주제를 지지하는 사람들보다 민주주의를 지지하는 사람들이 유전을 바꿀 정도로 우리 역사에 오랫동안 있어왔다고 생각하지는 않습니다.

마음의 진화라고 할 때는 글자 그대로 다윈이 말하는 유전적인 차원에서라기보다는 문화적인 차원에서 사용되는 '진화'라는 의미를 담고 있다고 봅니다. 그런 표현으로라면, 인간의 삶은 더 나아질 수 있겠죠. 마음은 진화합니다. 이미 우리는 행복을 증진시키는 수많은 구조를 창조해왔잖아요. 정부, 법원, 경찰, 그리고 민주주의도 그렇습니다. 인간의 본성은 아직 변화하지 않았지만 우리는 이를 개선하는 사회적인 기구나 장치를 계속 창조해나갈 겁니다. 더 나은 삶을 만들 거예요.

스티븐 핑커

○ 오늘을 사는 개인의 마음이 더욱 중요하게 다가옵니다. 지금 당장의 마음에 따라 미래는 변화할 기회를 갖게 되니까요.

● 그럼요. 우리는 털 없는 맨살 대신 옷을 지어 입고, 숲을 뒤지는 대신 농사를 짓잖아요. 생물학적인 한계를 명석함과 독창성으로 극복해왔습니다. 우리에게는 자신의 실수로부터 배우는 능력이 있어요. 게다가 다른 사람의 실수를 보고도 배우죠. 이런 우스갯소리가 있습니다. '오직 바보만이 자기 실수로부터 배운다. 현명한 자는 타인의 실수에서 배움을 얻는다.' 인간의 언어 능력이 배움을 얻도록 우리를 돕습니다.

○ 마지막으로 당신은 뇌의 작용, 마음에 대해 많이 아는 지금이 전보다 훨씬 행복하다고 느끼십니까?

● 조금은 더 지혜로워진 것 같아요. 과학을 알면 정신적인 생활에 더 관심을 갖게 돼요. 스스로에게 묻습니다. 나는 지금 왜 그렇게 느끼는지. 통찰이 나오죠. 음악을 감상하는 방식과 같아요. 집중할수록 초보자들보다 음악의 미묘하고 복잡한 부분에 다가가겠죠. 미술사에 대해서 알면, 그림을 보며 훨씬 깊고 풍부한 경험을 하는 것처럼요. 생물학을 알고 숲에 가면 더 많은 정보를 감지합니다. 왜 새들이 이 시간에 보이는지, 왜 이런 표시를 내는지요. 마음의 과학에 관해 잘 안다면, 살면서 경험하는 면면을 깊고 넓게 살필 수 있습니다. 삶에 대한 두려움이 줄어듭니다.

인간의 생활 영역이 넓어짐에 따라 골짜기 이편과 저편 사람이 적으로 맞서 으르렁대던 관계가 국가로 묶이고 종교로 통합되면서, 인간은 공감하고 포용하는 내 편의 범위를 넓혀왔다. 그럼에도 불구하고 일상 속에서 우리는 여전히 편 가르기를 한다. 진영 논리, 지연, 학연, 혈연 등으로 갈라진다. 오래전 프로그래밍된 두려움이다. 마음이란 여유로울 때는 한없이 넓지만 각박해지기 시작하면 바늘 하나 꽂을 자리가 없어진다고들 한다. 이럴 때 스티븐 핑커는 이성의 힘을 깨우라고 당부한다.

그가 고른 단어는 '창조'였다. 본능적으로 내 편과 네 편을 가르며 불안으로 움츠러드는 과거의 마음을 현대의 시간으로 돌려내는 통찰이다. 그가 깨우고자 한 것은 법정, 의회, 민주주의를 만들어낸 인간의 명석함과 독창성, 그리고 합의의 기술을 발달시킨 언어가 구축하는 더불어 사는 힘이다. 핑커는 과거의 습성을 알고 이해하고 넘어가자는 선에서 멈추지 않는다. 그 본능을 이해하면서 마음을 부대끼게 하는 불편한 감정을 내려놓는 것은 물론, 상대를 이해하며 개선할 수 있는 대안까지 모색하는 정성을 당부한다.

한 사회의 가까운 미래에 닥칠 위기를 단속하는 일 역시 구성원의 마음을 묶어내는 보살핌에서 시작된다. 인간의 본성이 협동을 우선하는지, 경쟁을 더 자연스러워하는지를 그에게 반복해서 물은 이유도 지금 같은 공간에 사는 많은 사람의 마음이 낱낱이 갈라지고 고통받기 때문이었다. 이를 살피지 않으면 더 큰 위협적 상황에 내몰릴 것 같은 내 불안이 작동했기 때문이다.

각자 자신의 마음을 알아가는 일은 함께 사는 타인의 마음을 알아가는 시작이다. 이어지는 장에서는 게리 스나이더가 전하는 세상을 살아가는 지혜로운 길, 바로 모든 존재의 마음에 한 뼘 다가가는 그의 사유 속으로 들어갈 것이다. 조금 더 밝아지는 각자의 '나'를 만나기를 바란다.

스티븐 핑커

(Steven Pinker, 1954년~)

매사추세츠 공과대학 교수(1982~2003년)를 거쳐 2003년부터 지금까지 하버드 대학교 교수로 재직하고 있다. 인간의 마음, 언어, 본성에 관한 연구와 저술로 세계에서 가장 영향력 있는 심리학자이자 인지과학자로 손꼽힌다. 세계적 베스트셀러인 그의 저술들에 관해 핑커는 언어 3부작과 마음 3부작으로 소개한 바 있다. 언어 3부작으로는 '언어는 생물학적 적응'이라는 아이디어를 기반으로 언어의 모든 측면을 개괄한 『언어 본능(The Language Instinct)』(1994년)에서 시작하여 언어와 마음의 본질을 조명한 『단어와 규칙(The Ingredients Of Language)』(1999년)을 썼고, 마음 3부작으로는 『마음은 어떻게 작동하는가(How the Mind Works)』(1997년)에 이어 인간 본성에 관한 아이디어와 그것의 도덕적·감정적·정치적 색채를 탐구한 『빈 서판(The Blank Slate)』(2002년)을 썼다. 그리고 단어로 우리의 생각과 주변 세상을 들여다본 『생각거리(The Stuff of Thought)』(2006년)를 발표함으로써 언어 3부작과 마음 3부작을 동시에 마무리했다. 2011년에는 시대, 지역, 인종, 문화, 문명을 넘나드는 방대한 양의 자료를 토대로 인간 사회에 발생한 폭력을 분석한 『우리 본성의 선한 천사(The Better Angels of Our Nature)』를 출판하며 학자이자 저술가로서의 저력을 보였다.

Interview Date 2015. 02. 18
Interview Place 하버드 대학교 윌리엄 제임스 홀
Photo Credit 김아람

진정한 자아,
마음속에서
향하는 곳

게리 스나이더
시인, 환경운동가

게리 스나이더는 입 없는 뭇 생명의 아우성을 인간의 말로 전해왔다. 이념과 종교가 만들어지기 오래전부터 생존의 기술을 전해온 신화의 진실도 되새기게 해준다. 개발과 성장이 최고의 기치로 펄럭이던 20세기에 그 가속도를 멈추고자 그는 언어로, 몸으로 뛰어들었다. 그는 미국이 무기와 돈의 힘을 내세워 이윤을 극대화하는 시스템으로 세상을 나누자 미연방의 해체를 주장했다. 서로 작은 독립국들이라면 힘의 독점이 줄어들 것이라고 판단했다. 공존을 위해 정치적인 저항도 마다하지 않는 그는 강과 산의 아들이다. 그의 당부는 각자 스스로의 마음을 보는 것에서부터 시작한다.

　스나이더는 1950년대 버클리 대학교에서 공부할 당시 새로운 시 운동에 참여했다. 비트 문학을 이끈 동인이었고 길 닦는 노동자, 배수 시설 공사장 막노동꾼, 산불 감시원이었으며 잭 케루악의 장편소설 『다르마 행려』의 주인공 제피 라이더의 실제 모델이기도 하다.

1956년부터 일본 다이도쿠사(大德寺)에서 십 년 동안 매일 열 시간씩 참선하며 정진했고, 틈틈이 선어록을 영어로 옮겼다. 이후 인도를 거쳐 1969년 미국으로 돌아왔다. 아메리칸 인디언들이 '거북 섬'이라 부르던 북미 대륙을 성찰하는 대서사시 「거북 섬(Turtle Island)」을 발표했다. 서구 지성은 그의 통찰에 1975년 퓰리처상을 수여했다.

21세기 소로를 만나다

게리 스나이더에게 연락이 닿은 때는 캘리포니아 들판에 노란 수선화가 봉오리를 맺던 2월 초였다. 산속의 집으로 찾아가겠다고 하니 자가발전이라 난방이 안 되고, 타운에서도 한 시간이나 산길을 운전해 올라와야 한다며 길 잃기 십상이라고 말렸다. 현대의 '헨리 데이비드 소로'로 불리는 그의 거처를 보고 싶었지만 더는 조르지 않았다. 우리는 시내에 있는 헌책방에서 만나기로 했다.

세기의 시인을 만나러 캘리포니아 시에라네바다 산굽이를 오르던 날, 동산은 온통 하얀 꽃으로 흔들렸다. 고흐의 그림에 나오는 그 나무다. 굽이치는 나뭇가지 위에 박힌 아몬드 흰 꽃. 즐비하게 늘어선 과수나무 그늘 속을 꿀벌이 맴돈다.

오래된 책방은 차와 스콘, 머핀을 구워 파는 북카페였다. 공간을 가르는 벽 왼쪽으로 한 뼘 두께의 육중한 통나무 문을 지나니 책장이 즐비하다. 사이사이 놓인 테이블과 의자마다 책 읽는 이들과 담소 나누는 이들로 조용한 가운데 북적였다.

게리 스나이더를 기다리다 들른 화장실에서는 산 아래 도시와는 다른 낯선 당부의 글귀를 보았다. "소변을 본 뒤 물을 내리지 마세요. 지금은 천 년 만에 닥친 가뭄이랍니다." 산동네 사람들이 사는 법이다. 스나이더가 반세기 넘도록 세상을 깨워온 가치 역시 산사람들이 자연과 공존해온 지혜가 아닐까.

스나이더에게 향을 건넸다. 오동나무 상자에 담긴 천연 향이다. 인터뷰를 허락받고 선물을 고민하다 오래전 인도에서 공부하고 돌아온 작곡가 김창수 씨의 이야기가 떠올랐다. 그는 스승에게 인도의 전통 악기인 타블라(Tabla) 연주를 배우러 가는 날이면 이른 아침 장에 들러 가장 좋은 잎담배를 샀다고 했다. 스승께 올리고 그날의 음악을 배웠다는 이야기다. 제자는 공경하는 마음을 바치고 스승은 자신의 삶이 밴 음악을 전수했다.

스나이더를 둘러싼 평판은 미국에서 만난 지인들로부터 자자하게 들은 데다 두어 달 전 고은 시인까지 그를 '서구의 현자'라고 부른다는 말을 들은 터라 예를 갖추고 싶었다. 향을 받은 선생은 천 년 묵은 옹달샘에서 두 손으로 샘물을 떠 마시듯, 하모니카의 모든 음을 단박에 들이마셔 연주하듯 고개 숙여 향을 훑었다.

그는 매일 새벽 향을 사르며 경을 독송한다. 젊은 시절 맹렬히 수행하던 그 마음으로 산다. 하루의 시작을 묻고 듣는데 그가 물었다. "인터뷰가 이미 시작됐나요?" 만남 이전부터 만남은 시작된 것과 다를 바 없지만 이제부터 무엇을 물을지 설명했다. 마음에 관한 기획 인터뷰 의도를 전하며 한 해 전에 그의 절친한 벗이기도 한 시인 웬델 베리를 만난 이야기를 덧붙이니 반가워했다. 자신도 마음과 관련하여 하고 싶은 말이 있다고 했다. "그럼 그 이야기를 들려주세요."
그가 웃음기를 머금은 채 정곡을 찔렀다. "당신이 질문을 해야죠." 하
마터면 인터뷰라는 본질에서 벗어날 뻔했다.

명상, 마음을 발견해가는 작업

○ 마음이 무엇이죠?

● 당신은 마음을 알고 있어요.

○ 아는 줄 알았는데 기획 인터뷰를 진행하면서 생각할수록 모르겠어요.

● 마음이란 별것 아닙니다. 그리 큰 문제도 아니죠.

○ 무엇이 문제인가요?

● 우리가 마음을 유별나게 생각해요. 마음에 관해 생각하는 것과
마음 그 자체는 같지 않습니다. 마음은 우리가 사는 이 자연 속에 일
부로 있어요. 그러니 그 자체로는 문제 될 것이 없죠. 오직 인간에게
만 있는 것도 아니에요. 나무도 인식하고 다람쥐도 인식합니다. 다만
다양한 차원으로 존재하죠. 각자 다른 언어로 이야기하는 것처럼요.

○ 당신은 나무의 마음을 느끼시나요?

● 그러려면 먼저 자신의 마음을 느껴야 해요. 우리는 각자의 마음
속에서 삽니다. 마음에 관심이 있다면 자기 마음에 집중해야죠. 체리

게리 스나이더   **45**

46

나무를 이해하고 싶다면 먼저 꼼꼼히 살펴볼 거예요. 누구한테 말을 걸지도 않고 찬찬히 보겠죠. 이와 같아요. 말하는 것을 멈추고, 다른 사람한테 듣는 것도 멈추고, 당신 속으로 들어가는 겁니다. 다른 사람에게 마음이 무엇이냐고 물을 필요가 없어요.

명상은 경험입니다. 마음을 발견해가는 작업을 하다 보면 흥미로운 일이 생겨나요. 왜냐하면 마음은 우리가 바라보는 대상인 동시에 바라보는 나와 함께하니까요. 마음으로 마음을 보는 거죠.

○ 그럼 '나'는 무엇인가요? 작정하고 앉아 명상한 적이 있습니다. 전에는 '나'를 이루는 것이 몸과 생각하는 정신이라고 여겼는데, 가만 보니 움직이지 못해서 안달 난 몸뚱이가 있고, 잠시도 생각을 멈추지 못하고 과거의 온갖 기억을 꺼내며 이곳저곳을 떠도는 '나'가 있었어요. 그리고 전에는 의식하지 못한, 이 모든 방랑을 지켜보는 '관찰하고 판단하는 나'도 있었습니다.

● 그 질문은 '나는 누구인가'가 되겠죠. 또는 '나는 어디에 있는가', '나라는 존재는 무엇인가', '내가 진정 여기 있는가'가 될 겁니다. 당신의 자아가 그런 경험 속에서 무엇을 느끼는지를 들여다보노라면 내면에서 울리는 목소리를 듣게 될 거예요. 나는 지금 여기 앉아 있구나. 나는 한국에 갔다가 다시 여기 와 있구나. 바로 마음이 하는 짓을 경험하는 거죠.

○ 불교에서는 '참 나(true self)'를 말하잖아요.
● 진정한 자아라는 것은 당신이 마음속에서 향하는 곳입니다.

○ 그 자아는 오직 하나인가요?

● 세지 맙시다.

○ 일주일 전에 스티븐 핑커를 인터뷰했습니다. 그는 마음이란 뇌의 활동이라고 했어요.

● 온몸의 작용이에요. 뇌로 생각하는 것만은 아니죠. 당신은 지금 몸 전체로 살아 있음을 느끼잖아요. 현재 그 안에 있음을 느낄 수 있습니다. 그리고 몸 안의 여러 곳을 집중하여 돌아다니며 그 영역을 경험할 수 있죠. 마음이 뇌의 기능이라는 것, 마음이 생각하고 몸은 생각하지 않는다는 것은 서양의 사고이고 부분적인 과학입니다. 프랑스 철학자 르네 데카르트의 관점에는 마음이 담기지 않았어요. "나는 생각한다, 고로 존재한다(Cogito, ergo sum)." 이건 약해요. 만약 생각하지 않는다면 존재하지 않는 걸까요? 아니죠. 생각하는 것은 일종의 뇌의 작용이죠. 그렇지만 이는 한 가지일 뿐입니다. 동물과 곤충을 관찰해봐도 알 수 있어요. 새들은 지도 없이 바다를 건너고 같은 장소에 착륙합니다. 온몸으로 감지하죠. 마음은 생각하는 것이 아니라 다양한 방식으로 움직입니다. 이는 봄에 하얀 꽃들로 복제됩니다.

○ 그러니까 당신의 정의는 마음은 우주적이라는 건가요?

● 아뇨. 우주적이라고 하면 모호해져요. 선(禪)의 전통에는 흥미로운 말이 아주 많아요. 무엇이 마음이고, 무엇이 아닌가를 정의하는 일은 매우 도전적이면서도 가끔은 재미나죠. 불교는 마음을 가지고 이렇게 놉니다. "모든 것이 마음이다. 말하기는 쉬우나 수행하기는

어렵다." "마음은 없다. 수행하기는 쉽지만 말하기는 어렵다." 둘 다 참입니다.

마음을 경험하는 시간을 어느 정도 보내기 전에는 지금 내가 마음을 경험하는지 알기가 참 어렵습니다. 명상 전통이 필요한 이유이기도 하고요.

○ 왜 명상을 하시죠?
● 내 마음을 더 알고 싶으니까요.

○ 언제 명상을 시작하셨습니까?
● 열다섯 혹은 열여섯 살이었을 겁니다. 서구 전통에서 그 나이가 되면 대마초를 피우거나, 무작정 산에 올라가는 아이들이 있습니다. 좋은 대학에 가려고 노력하는 학생도 있고요. 하지만 그들도 대학에 가고 경력을 쌓고 나면 언젠가 꼭 자기 질문에 부닥칩니다. 먼저 하든 나중에 하든 마음을 공부하게 되어 있어요. 나는 그 나이에 산에 올랐어요. 처음으로 거대한 산을 탔습니다.

○ 마음을 만났나요?
● 아니요. 처음에는 죽을까 봐 무서웠어요. 정말로 두려웠죠. 실제로 벌어진 일이었습니다.

○ 그 일이 삶을 바꿨나요?
● 많은 일이 삶을 바꿔요. 실제로 다치거나 죽게 될 수 있다는 자각

이 하나이고, 가족이나 친구같이 가까운 사람이 죽어가는 상황 또한 삶에서 큰 수업입니다. 전쟁에서 벌어지는 엄청난 파괴를 목도하는 일도 우리를 변화시키죠. 사랑에 빠져도 완전히 다른 사람이 됩니다.

나는 만년설로 덮인 큰 봉우리를 사흘 동안 올랐습니다. 어떤 산이든 새벽 2시에 일어나 움직여야 합니다. 얼음이 아직 단단할 때죠. 춥고 미끄럽고, 많은 일이 닥쳐와요. 이 상황 속으로 들어가면 누구나 날것으로 드러나는 자기 모습을 만나게 됩니다. 나는 배고픔과 추위에 사로잡힌 나를 봤어요. 그 일이 나를 깨웠어요. 세상에는 진지한 깨달음에 닿을 수 있는 여러 방식이 있습니다. 내가 배운 한 가지는 나는 죽어가고 있다는 것이었습니다. 지금 당장, 아니면 다가오는 언젠가 반드시 죽는다는 것. 십 대들은 대부분 영원히 살 거라고 생각하거든요. 그때 내가 영원하지 않을 것이라는 사실을 배웠고, 이를 매우 심각하게 받아들이는 자세를 익혔습니다. 그다음에 진짜 선택을 했어요. 살자고요. 위험을 받아들이면서도 그 상황에 충분히 신중해진다면 목숨을 잃지 않을 수 있습니다.

"어떤 꿈을 꾸었는가"

○ 절망 속으로 깊이 들어가 마주하다 보면 희망의 빛을 좇는 내면의 밝은 기운을 만날 수 있으리라 믿어왔습니다. 인도의 광부 이야기가 생각납니다. 광산이 무너진 후 땅속에 갇힌 광부가 오로지 집중한 것은 숨쉬기였다고 해요. 두려움을 거두고 호흡에 몰두하면서 산소를 아주 적게 소비할 수 있었

고, 2주 후 구조될 때까지 숨을 놓지 않을 수 있었습니다. 어쩌면 사는 일이 숨 한 번 쉬는 일의 반복일 텐데, 그 기본을 고요히 해낸 거라고 생각해요.

● 오래전, 북아메리카 원주민들은 십 대 소년, 소녀들을 야생으로 보내 홀로 있도록 했어요. 음식도 주지 않고 말이죠. "나흘 혹은 닷새 뒤에 오거라. 너 스스로를 보살펴라." 그곳에서 세상을 보는 눈을 뜹니다. '힘을 찾는 여정'이라고 부르죠. 그때 자신의 눈을 갖게 됩니다. 특히 캘리포니아 원주민은 모두 그 과정을 거쳤어요. 고원으로 나가서 며칠 뒤 돌아오면 나이 많은 여인이 다가와 묻습니다. "무엇을 보았니? 무엇을 들었니? 어떤 꿈을 꾸었니?" 진정한 답을 말하지 못하면 다시 야생으로 들어가 그 과정을 반복해야 합니다.

○ 함께하지 않았는데 어떻게 알죠?

● 진정한 꿈(포부)을 갖게 됐다면 다른 이에게도 깊이 전달되지요. 만들어낸 답으로는 전달되지 않습니다. 예술이 전달되는 방식과 같아요. 훌륭한 예술은 진짜로 다가옵니다.

○ 얕은 감각적 감흥에서 벗어나 영혼의 깊은 울림을 얻는 기회를 갖도록 안내하는 거네요. 야성의 회복은 곧 자기 힘으로 세상을 살아내는 감각을 깨우는 것과 같다고 생각합니다. 모든 동물이 갖춘 중요한 본능인데, 산업화 이후 인간만이 유독 그 힘을 잃어가는 것 같습니다. 돈이 곧 생존의 조건이 됐어요. 우리의 실제 생활에는 많은 고통이 있습니다. 마음을 살필 겨를도 없이 무너지게 하는 실직의 고통, 빈곤의 궁핍도 있고요.

● 고통은 자기만의 것이에요. 어떤 사람들은 고통스러워할 필요

가 없는데도 괴로워하고, 어떤 사람들은 고통을 받아들이며 이렇게 말하기도 합니다. "오늘은 고통받기 좋은 날이구나."

'나', 홀로 떨어져 존재할 수 없음을

○ 매일이 기쁜 날일 필요는 없지만 씁쓸합니다. 모든 짐을 개인에게 떠맡기는 것 같아서요. 서점에서 제일 좋은 자리를 차지하는 자기계발서들의 주장이나 이른바 멘토들이 청년에게 들려주는 격려도 아쉽습니다. 긍정론, 자기 성찰, 절망했더라도 노력하면 이뤄진다는 식의 응원 메시지, 승자의 배려, 이긴 자만이 바꿀 수 있다는 영웅주의 등 하나같이 연약한 개인을 몰아붙이는 선동문 같아요. 실패의 이유가 개인의 노력 부족이라고 하기에는 사회가 지나친 승자 독식의 경쟁 구조입니다. 꼭대기도 늘 바뀌고요. 불안한 승자와 우울한 나머지들의 세상입니다.

● 자연에는 경쟁의 측면도 있지만, 생물계는 상호작용하는 공생적 측면도 가지고 있습니다. 다양한 존재들이 수많은 공동체를 이루며 유기적으로 살죠. 인간이 다른 종을 도구로 이용하며 소멸시켜왔듯이 우리끼리도 경쟁이라는 명목으로 억압을 당연하게 받아들이도록 통치해왔습니다. 그 가운데 지친 영혼들에게 자기계발의 메시지는 매우 매혹적이죠. 그런데 이런 방식의 자기 성찰은 낮은 단계예요. 자신을 돌아보라는 포인트 자체는 매우 좋습니다. 하지만 동시에 세상을 욕하는 데 너무 많은 시간을 허비하지 말라고도 하죠. 자기 상황만 돌보라고요. 쉽게 말해 징징대지 말라는 건데, 저차원입니

다. 충분히 깊지가 않아요. '자신을 보아라'까지만 말하지 '내가 없음을 보라'고는 안내하지 않습니다.

'나'를 보다 보면 내가 홀로 떨어진 '나'로 결코 존재할 수 없음을 알게 됩니다. 내가 먹고 마시고 입고 치료하는 데 필요한 모든 협력 관계뿐 아니라 사회정치적인 작용까지 볼 수밖에 없어요. 할 수 있다고 기운을 북돋우는 말들 속에서 젊은이들이 희망을 찾으려 하지만 정작 젊은이들을 위한 일자리는 없습니다. 스물다섯 살 이하의 젊은이들 중 25퍼센트가 실업자예요. 우리는 내면으로 가는 길과 함께 사회정치적으로 가는 길을 구해야 합니다.

발달된 자본주의는 기능상 일자리를 공급할 능력이 없습니다. 꽉 찬 거죠. 하지만 세상에는 돈이 아주 많아요. 거기에는 또 다른 진실이 있습니다. 넘치는 돈이 몇몇 나라에 집중되어 있죠. 미국은 인도의 농부들한테 농약과 비료, 종자를 팔아 수백만 달러를 벌어들입니다. 농부들에게 그런 화학제품은 필요 없습니다. 이미 농사 잘 짓는 법을 아니까요. 사람들은 물질 개선이라는 생각에 사로잡힌 채 휩쓸려 가고 있습니다. 그러니 우리는 물질주의를 비판하는 무아와 자기를 비판하는 무아, 그 둘을 하나의 방향으로 추구해야 해요. 오늘날 세상은 끔찍한 시간을 보내고 있습니다.

○ 처음 이야기할 때 당신은 나무의 마음에 관해 언급했습니다. 나무도 의식을 가지고 있다고요. 그것에 관해 좀 더 들려주시겠어요.

● 나무는 마음을 가졌고, 당신도 마음을 가졌어요. 그렇지만 똑같지는 않아요. 우리는 나무의 마음이 어떤지 모릅니다. 그렇지만 확실

게리 스나이더

한 것은 거기에도 엄청난 지능이 작용한다는 거예요. 나무는 언제 꽃을 피울지, 어떻게 벌레를 다뤄 침입을 막을지 압니다. 그리고 수만 년 동안 어느 방향으로 나아가야 할지 알았어요. 수많은 일이 벌어지지만 자연의 전체 세계는 스스로 조절하고 스스로 다스립니다. 이러한 지능적인 작업이 전체적으로 이뤄져요. 다만 인간이 그 점을 이해하지 못할 뿐입니다. 우리에게는 몹시 복잡한 일이니까요. 무엇보다 우리가 그것을 알아보려고 노력을 다하지 않죠.

○ 어떻게 나무와 인간의 마음이 소통할 수 있을까요?

● 인간의 마음은 반드시 우선 그 자신과 소통해야만 합니다. 당신이 당신의 마음과 잘 연결된다면 나무의 마음도 이해할 거예요. 당신이 당신을 이해할 수 있는 만큼요. 과수원에서 가지치기를 할 때 주인은 전지하는 사람들을 보고 이렇게 말합니다. "저들은 마치 나무가 된 것처럼 하네." (웃음)

○ 심층생태학자인 조애나 메이시는 명상을 통해 우리가 범고래, 제주 구럼비 바위의 마음이 되어본다면 그 존재의 처지에 공감할 수 있다고 했습니다. 굳이 범고래가 아니어도 내 곁에 있는 사람을 이해해보려 시작하는 것 역시 그 마음에 닿는 것일 텐데요. 여기서도 마음으로 마음을 본다는, 앞서 말한 의미가 되새겨집니다. 우리 마음을 확장해 모든 존재에게 뻗어간다면 세상은 더 나아질 거라는 말씀인가요?

● 나는 그렇게 믿습니다. 내가 어떻게 불교에 다가갔는지 말하지 않았죠? 부모님은 시애틀 북부에서 소를 키웠어요. 송아지 한 마리

게리 스나이더

를 내가 돌봤습니다. 그 녀석이 세상에 나올 때도 내가 한몫했죠. 예닐곱 살 때였는데, 수의사가 "게리야, 네가 해야겠다. 너는 팔이 가느니까 송아지를 잡을 수 있을 거야. 엄마 소 안으로 팔을 집어넣고 송아지의 머리가 느껴지면 돌려서 빼내거라"라고 말했고, 내가 해냈어요. 그 어린 암송아지가 어찌나 예쁘던지 정말 정성을 다했습니다. 그런데 그 송아지가 얼마 못 가서 죽었어요. 상심한 제가 주일학교 선생님에게 "우리 송아지도 천국에 갔겠죠?"라고 물었죠. 그런데 그 남자 선생님이 단호하게 말하더군요. "아니!"

○ 왜요?

● 동물은 천국에 못 간다고요. 저는 밖으로 나와버렸습니다. 우리 송아지가 천국에 못 간다면 나도 안 갈 거라고 대꾸했어요. 다시는 주일학교에 가지 않았습니다. 그런 다음 조금 지나서 불교를 배우게 됐죠. 그들은 감각하는 존재에 대해 말하더군요. 모든 존재를요. 그때 외쳤습니다. "이것이야말로 나를 위한 길이구나!"

마르크시스트에서 부디스트로

○ 종교마다 표현 방식이 다르지 않습니까?

● 역사적이며 사회적인 문제인데요. 만약 당신이 소수의 사람들만이 이해하는 부분까지 아주 깊이 유대교와 기독교에 다가간다면 아마도 그들만의 방식으로 같은 이해를 구하는구나를 알게 될 거예

요. 그렇지만 일반 대중은 그렇지 않죠. 그러니까 동물을 먹이고 키우는 데 우리가 그토록 많은 문제를 유발하는 것 아니겠습니까? 적어도 감사하는 마음으로 소비한다면 현대의 문화는 또 다른 출발점에 서게 될 겁니다.

부모님은 기독교인이 아니었고 사회주의자였어요. 어려서부터 마르크스에 관해 이야기를 나눴죠. 그러니까 나는 마르크시스트에서 부디스트로 옮겨 왔다고나 할까요.

크게 보면 세상은 서로 존중하는 쪽으로 진화하고 있습니다. 자기가 누구이고 어디에 서 있는지 더 잘 이해하는 쪽으로 나아가고 있죠. 보통 사람들은 아직 받아들이기를 거부하기도 하지만요. 우리가 사는 이 세상은 자연으로 가득 차 있습니다. 자연계입니다.

○ 그동안 만난 석학들마다 강조하는 덕목이 있습니다. 리더가 갖춰야 할 자격으로 과학 지식에 열려 있어야 한다고요. 과학기술의 발전에 대해 토론하고 수용해나가면서 뭇 생명의 공생 속에 인간이 존재할 수 있다는 진실도 확산시키는 것이죠. 명상과 관련해서 과학자들의 견해를 한 가지 옮기자면, 자칫 자기기만으로 흐를 수 있다고 경계하더군요.

● 우리가 자기기만에 빠지지 않도록 잘 살펴야 하는 이유죠.

○ 자기기만에서 벗어날 수 있을까요? 묵묵히 생 전체를 두고 생각하고 행동하면 될까요? 지름길은 없나요?

● 일상에서 진정으로 모든 일에 집중하며 살아간다면 곧 자신을 기만하지 않는 법을 배울 겁니다. 그리고 어느 지점에 이르면 스승이

필요하죠. '나는 안다', '깨달았다' 해도 스승은 그렇지 않다는 것을 지적해줄 수 있으니까요.

○ **어떻게 그가 스승임을 알죠?**

● 그렇게 질문한다는 것은 세상에 스승이 많지 않다는 말이겠죠. 그래도 꽤 좋은 스승들이 있습니다. 잘한다면, 자기 스스로 스승이 될 수도 있고요. 정작 허점은 아무도 그 스승과 많은 시간을 보내지 않는다는 것이죠. 스스로를 속이려 하지 말고 스스로에 대해 배워나가도록 노력하세요.

○ **일상에서 참고할 만한 매뉴얼이 있을까요?**

● 매뉴얼로 쓸 만한 작은 책이 있습니다. 기회가 있을 때마다 미국 사람들한테 추천하는 책인데, 동아시아 최고의 매뉴얼인 노자의 『도덕경』입니다. 철학적인 산문체가 아니라 매우 시적으로 쓰였죠.

○ **첫 구절을 기억합니다. "도가도비상도(道可道非常道), 도를 도라 부르면 도가 아니다."**

● 내 번역은 조금 다릅니다. 고대 중국의 도에는 두 가지 의미가 있어요. 하나는 그리 말해지는 것이고, 또 하나는 길이죠. 그러니까 보편적인 번역이 '도라 불릴 수 있는 것은 진정한 도가 아니다'인데 나는 '그리 따를 수 있는 길은 진정한 길이 아니다'로 번역합니다. 만약 우리가 그 길을 따를 수 있다면 궁극적으로는 그 길이 아니라는 거죠. 먼저 길을 걷는 것부터 배워야 합니다. 그런 다음 우리가 그 길

을 이끌 수 있어요.

○ 자신만의 길을 발견하라는 건가요?

● 아니죠. '그 길(the path)'을 발견하라는 거죠.

"세지 맙시다"

게리 스나이더는 '그 길'이라 했다. 그 의미가 어렴풋했지만 더 물을 수 없었다. 그가 답하더라도 나는 알아듣지 못할 것이며, 말로 발견되는 길이 아니기 때문이다. 눈 밝은 독자의 혜안을 위해 자리를 남기는 것이 옳다 여겨 침묵했다. 다만 길은 그 길을 걸을 때 드러날 것이라는 사족을 덧붙인다.

스나이더와의 대화를 마치고 그의 강아지 롱다리 푸들에게도 안녕을 고하고 산을 내려왔다. 그는 다시 산길을 올랐다. 아내가 세상을 떠난 지 팔 년, 산속에서 홀로 머문다. 외롭지 않느냐고 물으니 얼굴에 깊이 파인 주름들이 물결 지어 퍼져나갔다.

"나는 혼자가 아니에요. 헨리 소로도 아니고요. 내가 한산(寒山)의 시를 번역해서인지 중국 사람들은 나를 외따로 사는 한산이라고도 부르더군요. 그건 진실이 아니죠. 버스 종점에서 2~3킬로미터만 더 들어가 살아도 은둔자라고 생각하는데, 그곳에서도 여럿이 어울려 삽니다. 야생의 삶은 아주 오래전에도 있었고 지금도 있어요. 별일 아니에요."

그와의 대화는 그랬다. 말을 내놓을 때마다 하나씩 굳어버린 생각의 틀을 쪼갰다. 굽이굽이 내려오는 산길에서 잊히지 않는 한마디가 따라 내려왔다. "세지 맙시다." '진정한 자아'라는 것이 하나냐고 묻는 나를 산산이 부서뜨린 당부. 스티븐 핑커를 만나 마음의 작용, 뇌의 작용에 대해 묻고 답할 때 '여러 묶음의 자아'라는 답 속에서 흔들렸던 내 사고는 스나이더의 당부에서 녹아내렸다.

자아를 세는 내 안의 기준은 '진정한 나, 고차원적인 사고의 힘을 갖는 나'를 전제하는 틀 속에 박혀 있었다. 신을 좇으며 인격적인 절대자를 기대하는 인간의 마음을 흔들어보고자 준비한 나의 질문들이었지만, 이 또한 내 안에서 또 다른 인격적인 뭔가를 만들고 있었던 것이다. 내 안에서 들려오는 목소리를 인격적인 절대 존재로 바라보려 했던 관성이다. 욕망과 선입견을, 과거의 온갖 경험과 학습을 내려놓고 차분해진 빈 마음으로 세상과 눈앞에 마주하는 대상들에게 다가가는 그 상태 역시 하나의 완성된 상태로 바라보려 했으므로, 진정한 자아라는 것도 만나야 할 존재로 보고 말았다.

진정한 자아를 "당신이 마음속에서 향하는 곳입니다"라고 답한 게리 스나이더. 그의 말은 내 안에 깊은 울림으로 지금도 머문다. 스티븐 핑커가 말한 자아와 다르지 않은 범주에 있음을 어렴풋이 헤아린다.

흡사 옆으로 조금씩 번져가는 잔불처럼 스나이더의 답변 속 질문은 살아가며 행동하는 나의 길 속에서 걷힐 안개일 것이다. 쐐기처럼 박혀 내 안의 사고에 균열을 내기 시작한 그와의 순간들은 또 다른 길을 내어준다. 그가 말한 '도(道)' 역시 말로는 되지 않을 그 길을 찾는 과정 속 여정일 터이니. 서두름이 잦아든다.

게리 스나이더

(Gary Snyder, 1930년~)

시인, 수필가, 환경운동가. 리즈 대학교에서 문학과 인류학을, 인디애나 대학교를 거쳐 버클리 대학교에서 동양언어학을 공부하며 비트 문학으로 상징되는 새로운 시 운동에 참여했다. 1985년부터 UC 데이비스 대학교 영문학과 교수로 재직했고, 현재는 명예교수다. 서구 언론은 그를 현대의 성자(聖者)라고 부른다. 《블룸스베리 리뷰》는 "자연계와 시의 부족 연방들의 원로"로 그를 소개했다. 열여덟 권의 책을 집필했다. 그중 대표작으로 『야생의 실천(The Practice of the Wild)』, 『빗속에 남겨지다(Left Out in the Rain: New Poems 1947—1985)』 등이 있으며 『도끼 자루(Axe Handles)』로 미국도서상(1983년)을 받았다. 또한 『거북 섬(Turtle Island)』으로 퓰리처상(1975년)을, 『산하무한(Mountains and Rivers Without End)』으로 시 분야 최고의 권위를 자랑하는 볼링겐상(1997년)을 받았다. 그 밖에 미국예술원상(1966년)을 비롯해 미국시인아카데미로부터 월리스 스티븐스 상의 영예를 얻었고 구겐하임 펠로십, 베스 호킨 상, 레빈슨 상 등을 받았다. 2003년에는 미국시인아카데미 의장으로 선출됐다.

Interview Date 2015. 02. 26
Interview Place 캘리포니아 주 그래스밸리 타미스 책방
Photo Credit 신익섭

03
**소셜
마인드**

누가
시대의 마음을
만드는가

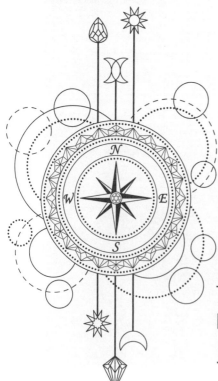

마이클 가자니가
뇌과학자

뇌과학 분야의 세계적 권위자인 마이클 가자니가와의 만남을 준비하는 동안 한국에서는 역사교과서 국정화를 둘러싼 논쟁이 소용돌이쳤고, 다른 한쪽에서는 발달장애직업센터를 일반 중학교 옆에 세워서는 안 된다는 학부모들의 반대가 크게 일어났다. 사뭇 무게가 달라 보이는 듯한 두 사건이지만 그 속을 들여다보면 비슷한 불안심리가 발견된다. 다양성을 거부하고 위험시하는 한국 사회의 오래된 폐쇄적 편 가르기, 거기에서 비롯되는 분리 불안이다. 한국 사회 곳곳에서 작동되어 생활로 스며든 배타성이다. 다양성을 끌어안으며 사회를 더 나은 쪽으로 이끌어온 인류 역사의 진행 방향과는 다른 흐름이다.

　마이클 가자니가는 뇌의 장애에 대해서도 사회구조가 안전하고 건강하게 작동하는 일에 초점을 맞춰 설명한다. 뇌는 문제 될 것이 없다는 이야기다. 인간의 뇌가 정신을 만들고 정신이 심리를 만들지만, 그 심리가 오히려 뇌의 한계를 진전시키기도 한다는 사실들을 밝혀왔다. 그와의 대화에서 마음이 어떻게 작동하고, 그 마음을 가진 개개인이 모여 이뤄진 사회가 어떻게 인간의 물리적인 한계를 극복해왔는지 들을 수 있었다.

캘리포니아 바닷가에 자리한 UC 산타바바라 대학교 연구실에서 그를 만났다. 점심시간, 캠퍼스 중앙에 칠일장이 섰다. 지역 농부와 상인들이 학교로 찾아와 여는 장터다. 유기농 식단으로 차린 점심 메뉴에 긴 줄이 늘어섰다. 동아리 학생들이 연주하는 재즈 멜로디가 여름 해변을 가르며 낭창거렸다. 푸른 바다가 눈부시게 온 태양을 받아치도록 구름 한 점 없는 하늘이었다.

조금 일찍 들어선 가자니가의 연구실. 그의 책상은 창문 너머로 코발트 빛 하늘과 바다를 마주하고, 그 오른편 벽에는 자전거 타는 아인슈타인의 사진이 걸려 있었다. 전화 통화를 하던 그는 수화기 너머를 향해 이제 인터뷰 시간이라며 속삭이고는 자리에서 일어섰다. 함박웃음을 지으며 앉으라고 손짓했다. "딸이에요. 평소 늘 하는 시시콜콜한 수다니 괜찮아요." 185센티미터를 훌쩍 넘는 키다리 선생님에게서 자상한 아버지의 풍모가 풍겼다. 격의 없이 상대를 맞이하는 그는 캘리포니아 스타일의 학자다.

뇌와 정신

○ **마음은 어디에 있나요?**

● 사람들은 마음이 뇌에서 생성된다고 하죠. 뇌는 온몸으로부터 전해져 오는 정보들과 환경에서 조합된 정보들을 받습니다. 모든 정보가 뇌로 들어와 우리가 마음이라고 여기는 감각을 생산합니다. 심리 작용이라고 부르는 것이죠. 지금은 뇌가 어떻게 작동하는지, 마음의 구조와는 어떤 상호작용을 하는지를 밝히는 단계입니다. 진실로 마음은 어떻게 작동할까요? 아직 누구도 정확하게는 알지 못합니다. 하지만 뇌의 어떤 부분이 특별한 활동에 더욱 많이 관여한다는 정도는 발견해나가고 있어요. 과학자들은 뇌 전체가 디스트리뷰티드 모듈(distributed modules)로 이루어져 있다는 것을 규명해냈어요.

○ 디스트리뷰티드 모듈, 즉 분산되어 있는 모듈이라는 뜻인데요. 어떤 의미인가요?

● 지난 사십 년간 연구를 통해 증명된 것으로, 인간의 뇌에는 수백억 개의 뉴런이 있고, 전문화된 국소 회로인 모듈이 연결되어 특정한 기능을 수행한다는 뜻입니다. 예를 들어 어떤 단어를 들었을 때 뇌가 반응하는 부분이 있어요. 어떤 부분은 단어를 말할 때 반응하고, 또 동시에 이뤄지기도 합니다. 뇌 연구자들은 이 연결을 발견하고 그 정체를 확인하려고 애쓰고 있습니다. 지금은 이러저러한 정신적인 상태가 실제로 어떤 상호작용에 의해서 비롯되는지 설명하는 데 집중합니다.

○ 이미 오래전, 싯다르타는 마음을 실체가 없는 하나의 작용으로 설명했습니다. 수많은 철학자가 존재에 대해 이야기했고 철학적으로 설명해내기

도 했습니다.

● 설명 방식은 많습니다. 신장은 소변을 생산한다, 뇌는 마음을 생산한다…… 생각, 사고의 형식, 다양한 선입견이 작동하는 정신적인 상태를 생산하는 뇌 활동에 대한 추론들입니다. 사랑과 미움도 이 안에 있죠. 뇌는 모든 심리에 관여합니다. 그리고 그것은 계층적으로 전달되어 형성됩니다.

나는 심리를 계층형 구조(layered architecture)라는 틀로 바라봅니다. 일반적으로 컴퓨터 분야에서 사용하는 개념이죠. 컴퓨터에는 하드웨어와 소프트웨어가 있어요. 이 두 가지가 작용해서 파워포인트 이미지 같은 결과물을 만듭니다. 각각은 완전히 다르지만 서로가 없다면 전혀 기능을 못 하죠. 그러니까 이 둘은 함께 있을 때만 뭔가를 만들어냅니다. 마음과 뇌도 마찬가지입니다. 아직은 인간 속에서 작동하는 소프트웨어와 하드웨어의 활동 방식을 묘사할 수 있는 적절한 단어가 없습니다. 다만 아래에서부터 위로 진행되는 작용이라는 것은 밝혀냈죠. 과학자들이 열심히 머리를 싸매고 연구하는 문제가 바로 마음과 뇌에 관한 질문입니다.

○ 불교에서 마음의 작용에 관해 말하는 방식이 제게는 명쾌하다 싶으면서도 한편으로 헤아리기 애매한 벽같이 느껴졌습니다. 스티븐 핑커가 말한 '마음은 뇌의 작용'이라는 정의도 불교가 바라보는 관점을 설명해낸다 싶으면서도 선명하고 예리하게 다가오지는 않았는데, 분산되어 있는 모듈들이 서로 작용하면서 상향식으로 올라간다는 당신의 설명을 들으니 얼핏 풀리는 듯합니다. 꼭대기에 전지적인 감독이 있어서 의식을 작동시키는 것이 아

니라 부분부분의 작용이 변화하는 심리를 만들어낸다는 것요.

● 우리는 인간의 몸 어딘가에 의식과 의지가 따로 존재해서 그들이 모든 결정을 내리고 행동하게 한다고 오래도록 생각해왔습니다. 하지만 뇌는 중앙 지휘 본부가 따로 있어 각 부분으로 명령을 내리는 시스템이 아닙니다. 인간이라는 기계는 그렇지 않아요. 정신과 뇌가 완전히 독립되어 있지 않죠.

○ 뇌가 정신을 만들어내는 주종 관계가 아니라는 뜻인가요?

● 뇌는 물리적인 과정을 거쳐 정신을 생산하지만 그 정신이 뇌를 제약하기도 합니다. 인간이 법을 만들었지만 그 법이 다시 인간을 제약하는 것처럼요.

○ 과학자들은 우리 안에 수많은 자아가 있다고 설명합니다. 자아를 드러내는 작동들을 바로 분산된 모듈의 활동으로 이해할 수 있겠네요.

● 그렇습니다. 그것은 항상 변화하는 상태죠. 입력된 상태에 따라 선택은 수시로 바뀌면서 당신은 어떤 때는 매우 너그럽고 또 어떤 때는 매우 옹졸해집니다. 무엇이 입력되는가에 따라 계산되어 나오는 것이 바로 '기분'이죠. 어떤 일이 일어나는지에 따라 지속적으로 어떻게 행동할지 선택합니다. 이때 밖으로 꺼내놓는 무언가가 있다면, 그것이 바로 그 순간에 드러나는 자아입니다. 남편이나 아이에게 막 성난 자아로 씩씩대는데 전화벨이 울려요. 수화기를 듭니다. 말을 시작하죠. 바로 그때 전화로 말하는 자아가 완전히 다른 사람임을 알아차린 적이 있나요? 기억해보세요. "여보세요" 하던 자아는 금방 또

마이클 가자니가

다른 자아로 넘어갔을 겁니다.

○ 제가 어릴 때 어머니가 그러셨죠. 저를 혼내다가도 전화만 오면 아주 고상하게 "여보세요" 하고 받았습니다. 지금은 제가 그래요. (웃음)

● 나 같은 사람은 자아를 그렇게 이해합니다. (웃음)

인간의 이야기 본능

○ 당신은 자아를 계속 복수형으로 '그들(they)'이라고 표현합니다. 스티븐 핑커에게 들은 '한 묶음의 수많은 다른 자아들(a bunch of selves)'과 맥락이 통하는 것 같아요. 제가 과학자들이 말하는 자아를 이해해보려고 할 때 한 생물학자가 이렇게 조언했습니다. 오케스트라가 연주하는 음악을 떠올려보라고요. 여러 악기가 다양한 음을 합주하여 하나의 화음을 만들어가는 과정을 말이죠. 내 안의 여러 작동이 조절되어 시시때때로 다른 면모를 드러내는 여러 편린의 '나'를 만들어왔구나, 이해했습니다. 어떤 조절을 담당하는, 하나의 진정한 자아가 존재하는 것은 아니겠구나 싶으면서 제 관념도 되돌아보게 됐습니다. 저는 인간의 마음에는 하나의 고귀한 인격적 자아가 마치 발견되기를 바라는 보물처럼 존재하며 이를 발견하고 드러내도록 노력해야 한다고 생각해왔던 거죠. 신을 믿는 많은 사람이 신을 말씀으로 이해하기보다 인격적인 상태로 강조해서 믿는 방식과 비슷했구나 수긍했습니다. 신을 의인화하고, 국가를 정의롭거나 탄압하는 역할로 의인화하고, 직장을 오너의 권한으로 의인화하는 것처럼요.

● 사람들은 인류의 역사 전 기간 동안 이야기를 생산해왔습니다. 모든 의미가 이야기에서 나왔어요. 종교적인 신념도 그들이 위대하다는 이야기들을 바탕으로 세워졌죠. 오늘을 사는 우리 생활을 들여다봐도 이를 추론할 수 있습니다. 당신의 오늘 하루는 아마도 여남은 가지 이야기로 설명될 거예요. 여행을 하느라 공항에서 밥을 먹었고, 보안 검색은 귀찮은 일이고, 교통 체증은 골칫거리라고 자신에게 말했을 거예요. 지금도 계속 이야기하죠. 당신이 앉아 있는 내 사무실은 어떻다고 하면서요. 지금은 내 입에서 굉장한 이야기가 나오기를 기대하겠죠.

우리는 의미 있는 삶을 원합니다. 그래서 사람들을 조정하는 방식에는 우리 위에 무언가가 존재한다는 이야기 구조가 있습니다. 우리는 반드시 그를 위해 선해야 하고 순종해야 한다는 이야기 말이죠. 위대한 존재는 사람들을 통치하는 데 도움이 됩니다. 그리고 세상에는 위대한 존재가 아주 많죠. 지난번에 세어보니 지구상에 종교가 5천 개쯤 있더군요. 그중 네다섯 종교가 주요한 위치를 차지합니다.

사람은 세상에서 더 잘 기능하고 더 쉽게 편안함을 추구하기 위해 이야기를 만들어냅니다. 이론도 그렇죠. 당신의 이야기는 아이들이 왜 그렇게 행동하는지, 부모님은 왜 그렇게 사는지에 관한 것입니다. 이 모든 것이 이야기가 됩니다. 인간은 이야기하는 동물입니다. 정말 위대한 특징이죠.

○ 왜 우리가 이야기하는 동물임을 이해해야 하죠?
● 인간이 작동하는 방식이니까요. 만약 이야기하는 기능을 제거

하고 인간을 본다면, 우리가 많은 것을 기억할 수 없음을 알게 될 겁니다. 우리가 고도의 기술적이고 수학적인 특정한 뭔가를 하지 않는다면, 그러니까 종이에 쓰고 그것을 머리에 간직하는 일이 없다면 무언가를 기억하기는 어렵죠. 우리는 삶에 관해 기억하려고 합니다. 가족에 대해서도 이야기하고, 정치적인 신념에 대해서도 이야기하죠. 모두가 이야기하는 거예요.

대부분의 과학자들이 모르거나 인정하지 않는데, 청중을 집중시키려면 강의할 때 반드시 이야기를 섞어야 합니다. 그래프는 사람들을 금방 잠들게 하죠.

○ 인간의 언어 본능이 곧 이야기 본능이군요. 철학자이자 불교학자인 나카자와 신이치의 설명이 떠오릅니다. 현생인류인 호모 사피엔스가 새로운 형태의 뇌를 갖게 되면서 다른 영역의 지식을 횡적으로 연결하는 새로운 통로를 얻었다고요. 뇌에서 이야기를 만들어내면서 모든 종류의 언어가 갖는 심층구조가 탄생하여 집단생활이 비약적으로 복잡하게 발전했다는 연구입니다. 국가의 권력, 종교, 신의 탄생도 인간이 비유적 사고 능력을 획득함으로써 출현했다고 설명했습니다. 바로 신화 속에서 보이는 유사한 흐름을 통해 보편적인 마음이 형성되는 과정을 좇게 해줬죠. 이전 인류와 달리 사피엔스가 신화(복잡한 이야기)를 공유하며 집단의식을 형성할 수 있었음을 엿봤습니다.

이야기하는 인간이라는 작동 방식을 이해하면 결국 세상을 움직이는 권력, '나'를 움직이는 권력 또한 남의 생각, 남의 이야기임을 꿰뚫어 볼 수 있겠어요. 이야기가 형성되는 근간을 살피는 것이 두려움을 해부하고 이성을 통해 합리적인 선택을 만들어내는 데 중요한 지점이라고 봅니다. 마음의 작용을 묻는 이 기획 인터뷰 역시 개인을 움직이는 힘에 대한 '알지 못하기 때문에 느껴지는 두려움'을 걷어내자는 데 그 목적이 있습니다. 몰라서 흔들리고 휘둘린다고 생각하거든요.

자유의지와 책임 사이

○ 이제는 본격적으로 자유의지에 관해 묻고 싶습니다. 사람들은 오래도록 인간에게는 자유의지가 있다고 배워왔습니다.

● 대부분의 종교적인 시스템과 철학은 인간에게 자유의지가 있기를 원합니다. 왜냐하면 사람들이 그들의 믿음에 대해 책임지기를 바라니까요. 그러니까 우리가 그 선택을 자유로이 했다는 거죠. 자유의지에 대한 논의는 매우 중대한 질문입니다. 모든 사람이 이에 대해 토론하고 싶어 하죠.

사실 나는 이런 개념 자체가 어리석다고 생각해요. 이치에 맞지 않거든요. 우리는 당신의 손목에 있는 시계에 자유의지가 없다는 것을 알아요. 우리 몸에 있는 수십억 개의 세포에도 자유의지가 없죠. 세포들은 단지 자신의 특별한 방식으로 일할 뿐입니다. 매우 자동적으로요. 그런데 사람들한테 "우리의 뇌 역시 자동적이다"라고 말하면 다들 당혹스러워합니다. 자, 지금부터 자유의지를 빼고 봅시다. 의식을 작동시키는 뇌의 메커니즘을 책임이라는 문제로부터 분리하는 거예요. 인간이 서로 어울려 살기 위해 결정해온 모든 과정이 바로 뇌의 메커니즘이거든요.

자유의지가 있다는 것은, 예컨대 국회의원을 선출할 때 당신은 좋아하는 후보에게 표를 줍니다. 그 이유는 그가 당신이 좋아하는 특정한 방식 안에서 행동하기 때문이죠. 만약 그가 당신이 원하지 않는 방식으로 활동한다면 당신 역시 뭔가 다른 행동을 할 거예요.

내가 잡지를 하나 고른다고 칩시다. 나도 내가 좋아하지 않는 잡지는 고르고 싶지 않아요. 여기 있는 기계를 시켜서 내가 좋아하는 잡지를 뽑으라고 할 겁니다. 이 기계는 장착되어 있는 결정 메커니즘을 바탕으로 매우 논리적인 방식으로 작동합니다. 그렇게 정해진 대로 작동하기를 나는 바라죠. 자, 이 두 가지 예에서 자유의지라는 감각을 잠시 접어놓고 비교해본다면 결국 자유란 선택을 위해 더 유용한 정보를 모으는 것입니다. 인간에게도 최선의 선택을 내리는 데 도움을 주는 정보를 얻는 것이 자유죠. 기계가 작동하는 방식도 그래요. 당신에게 책임이 있을까요? 물론 있습니다. 왜냐하면 만약 내가 바라는 방향과 다른 결정을 한다면 나는 책임을 물을 테니까요.

○ 자유의지라는 전제를 빼더라도 각자의 선택이 모일 수밖에 없는 함께 살아가는 사회이므로 책임의 문제는 늘 작용한다는 말이군요.

● 조금 다른 차원으로 가봅시다. 최근 일본에서 나온 로봇을 보면 정말 대단합니다. 꼭 사람 같아요. 이 로봇은 방으로 들어와서 물건도 집어서 치우고 여기저기 정리하는 등의 일을 합니다. 지금은 엔지니어들이 모여 앉아 이런 이야기를 하죠. "좋아! 이제 여기에 자유의지를 집어넣자!"

○ 하지만 로봇에 자유의지가 없다는 것은 다들 알잖아요.

● 그렇죠. 하지만 누군가 사람 같은 로봇을 만들려 한다는 것도 잘 알죠. 팔과 신장에 센서를 넣고, 자유의지도 넣겠다고 말하죠. 이건 어머니 대자연이 인간에게 하는 것과 같은 일이에요. 만약 당신이 인간을 디자인한다면 어떻게 하겠어요? "다 됐다. 이제 머리에 마법의 가루를 뿌릴 시간이다. 자, 이제 너희는 자유의지를 갖노라!"

○ 반어적인 표현이죠? (웃음)

● 인간은 매우 복잡하고 정교한 기계입니다. 대단한 동물이에요.

○ 그러니까 인간이 심리적으로 대단한 능력을 갖고 있어 자신의 의지를 통해 극복하고 결정해나가는 존재라기보다는 정보를 처리하는 메커니즘 속에서 움직인다는 거군요. 지혜로운 결정을 내리는 것도 더 많은 정보를 취합하고 판단하는 기계적 결정이라는 설명으로 들립니다. 자유란 정보를 수집하는 범위라는 당신의 말이 다가옵니다. 텔레비전 뉴스를 보면서 여든이 되신 어머니가 이런 말씀을 하세요. "요즘 사람들은 다 똑똑해!" 정보와 지식이 대중화된 결과이기도 하죠. 알 권리가 곧 인권의 척도고요.

당신의 잘못에 내 책임도 있다

○ 뇌와 마음이 결정 메커니즘 속에서 움직인다고 생각하니 우생학적 관점을 말하는 것 같아서 좀 억울한 기분이 듭니다. 타고난 유전에 따라 이미

결정된 운명인가 싶기도 하고요. 특히 진화심리학자들은 인간의 많은 행동이 아주 오래전에 프로그래밍됐다고 하잖아요. 얼마 전에 한국의 진화심리학자가 성매매에 관해 칼럼을 썼습니다. "성매매는 먼 과거의 진화적 환경에서 남녀가 자원과 성을 맞바꿨던 행동에서 유래했다"라고요. 일부는 이에 동조해서 남성의 성욕은 여성과 달리 억제되기 어렵다며 여성의 협조를 대놓고 강조합니다. 물론 여론이 들끓었습니다.

● 위험한 주제를 꺼냈군요. 나는 이런 주제는 결국 우리 사회의 규범들이 왜 존재하는가 그 의미를 묻는 일이라고 여깁니다. 그리고 왜 합리적인 사고를 해야 하는가 말이죠. 진화론적 관점으로 보자면 남성이 여성보다 성적 활동을 더 원하는 것은 사실입니다. 남성은 호르몬 체계가 성적으로 더 빨리 자극되거든요. 하지만 단지 기계적인 겁니다. 우리는 문명화된 문화 속에 살죠. 규범이 마련되어 있습니다. 우리 연구소에도 매우 유명한 진화심리학자가 있어요. 그녀는 이렇게 말합니다. "당신의 전두엽이 자연발생적으로 일어나는 행동들을 억제하는가?" 우리는 어떤 시점에 뭔가를 하고 싶어 합니다. 더불어 고려해야 하는 사회적 이슈들이 늘 따르고요. 21세기 시민으로서 인간의 본능이 어디서 왔는지 잘 알고 있죠. 앎의 결과로써 어떻게 그것을 다뤄야 할까요? 또 우리가 해온 실수의 결과물들을 계속 그대로 반복해야 하나요?

○ 결국 사피엔스의 발달된 전두엽을 사용하자는 이야기군요. (웃음) 뇌과학과 관련해서도 결정론적인 주장들이 있어요. '묻지 마 범죄'의 경우 뇌 발달에 이상이 있는 사람들이 저지른다고 설명해요. 1970년대부터 범죄자

의 뇌를 조사한 미국과 일본 연구자들의 논문을 근거로 들어 범죄자의 전두엽 손상 가능성을 제시합니다. 그러면 이웃들의 뇌를 한 번씩 스캔해봐야 하는 것 아닐까 하고 불안해집니다.

● 많은 사람이 그렇게 이야기합니다. 뇌수술을 받고 난 다음에 성격이 공격적으로 변한 사례들이 있죠. 기억력과 사고력은 그대로지만 뇌의 특정 부위가 손상되어 일차적 감정과 사회적 감정의 균형을 잡는 데 취약해진 결과입니다. 일반적으로 전체 인구의 약 3퍼센트가 폭력적으로 행동합니다. 좌뇌 전두엽 병변을 가진 사람들 중에서 13퍼센트가 폭력적이고요. 하지만 여기에는 또 다른 진실이 있습니다. 좌뇌 전두엽 장애를 가졌지만 폭력적이지 않은 사람도 87퍼센트가 엄연히 존재하거든요. 전체 일반인 가운데 전두엽 병변을 가진 사람은 얼마나 될까요? 즉 여기에는 상관관계가 거의 없다는 것입니다. 정신분열증도 마찬가지예요. 대부분의 정신분열증 환자들이 과학자의 가설에 따라 행동하지 않아요. 그리고 우리는 대부분 이런저런 종류의 정신분열증을 갖고 있고요. 그렇지만 사회 공동체 안에서 꽤 괜찮게 기능하며 삽니다. 그러므로 (어떤 현상에 대해) 단순화해서 빈약하게 거론하는 설명들은 위험합니다.

○ 뇌보다는 사회가 얼마나 안전하게 작동하는지, 사회의 기능이 더 중요하다는 뜻인가요?

● 절대적이죠. 나는 사회적 구조가 훨씬 더 중요하다고 강조합니다.

○ 환경은 어떻죠? 가족 배경, 교육, 문화 같은 외적 환경도 마음과 뇌에

영향을 줄 수 있지 않나요?

● 외부 환경에 당연히 영향을 받습니다. 우리는 각자 성장한 환경과 부모가 제공한 문화적 규범들의 복합체입니다. 거기에 유전적인 편향도 작용하고요. 당신의 기질, 당신의 반응, 그리고 다양한 질문에 대한 감성이 이를 표출합니다.

며칠 전, 이타심에 관한 보고서를 읽었어요. 이타심은 인간이 보여주는 위대한 반응이죠. 이 보고서는 사람마다 이타심의 편차가 다르게 나타나는 이유가 뇌의 통제 아래 있기 때문이라고 설명했습니다. 과학자들은 이 연구를 위해 가족에게 신장을 기증한 사람들과 생면부지의 타인에게 신장을 기증한 사람들을 분류해서 뇌의 작동 패턴을 조사했습니다.

○ 제 운전면허증에는 사망 시 장기를 기증하겠다는 빨간 스티커가 붙어 있습니다. 이 정도로는 표본에 속하지 않겠죠?

● (미소) 예를 들어보죠. 아픈 여동생에게 신장을 제공하는 것도 아주 이타적인 행위입니다. 하지만 이웃이 당신을 붙들고 신장을 요구하면 누구나 망설일 거예요. 하지만 누군가는 생면부지인 사람에게도 기꺼이 기증합니다. 두 상황에서 뇌의 활동을 살펴보면 아주 다릅니다. 후자일 때 뇌의 회로가 훨씬 더 많이 활성화되죠.

우리는 스스로에게 끊임없이 질문을 던집니다. 살면서 마주치는 모든 문제에 대해, 그 의미에 대해 스스로 묻습니다. 성격, 행동 반응, 사회적인 방식 등으로 자기 자신을 드러냅니다. 나의 몸, 환경, 유전자가 내가 누구인지를 결정하는 거죠. 이 요소들은 모두 하나의 냄비

속에서 끓고 있어요.

○ 인지과학에서는 십 대 후반에 인성 계발이 완성되므로 그 시기에 역사관이나 세계관 형성에 도움이 되도록 교육해야 하고, 그 시기를 놓치면 안 된다고 강조했어요. 하지만 당신은 사는 동안 지속되는 자극 속에서 뇌가 항상 변화하고 계발된다고 설명합니다. 평생교육, 자기 학습, 마음공부 같은 수행의 중요성을 확실히 알겠습니다.

● 세상에는 기회와 선택을 바라보는 많은 방식이 존재합니다. 그 속에서 적절한 것을 찾는 주체는 바로 자기 자신입니다. 결국 인간은 결정을 내리는 장치들이죠. 더 나은 결정을 내리기 위해서는 생각을 해야 합니다. 생각을 이끄는 것이 바로 '앎'이죠. 그러니까 더 나은 지식과 정보로 더 나은 결정을 하고 더 행복해져야겠죠. 하지만 결정을 내리는 문제는 책임을 지는 것과는 또 다른 문제입니다.

○ 스스로 정보를 수용해서 결정을 내리면 책임도 스스로 져야 한다는 뜻인가요?

● 책임은 문화가 지는 것입니다. 당신의 행위와 선택에 나도 책임을 지고 싶다는 거죠. 왜냐하면 우리는 같은 사회에서 살아가니까요. 문화는 사회적인 범위 안에 있습니다. 개인적인 차원이 아니에요. 만약 당신이 세상에 존재하는 유일한 사람이라고 가정해보죠. 당신은 어떤 책임을 져야 할까요? 책임질 게 전혀 없습니다. 이번에는 우리 두 사람이 있다고 해보죠. 그러면 어떤 규칙을 만들어야 합니다. 그렇다면 70억 명이 살 때는 어떻게 될까요? 사회적인 여러 층위 속에

복잡하게 얽히게 됩니다. 인간의 두뇌에 책임을 물을 수는 없습니다. 우리 생각의 약 99퍼센트는 사회적인 관계에서 일어나는 결과입니다. 다들 '저 사람이 왜 이런 말을 했을까?', '저 행동이 의미하는 바는 뭘까?' 늘 골몰해요.

뇌과학은 질병을 연구하기 위해 시작됐어요. 파킨슨병이나 정신 질환, 치매 등에 성과를 보였죠. 300년 동안 심리학자, 뇌과학자들은 '내가 자동차 열쇠를 어디에 두었을까?', '왜 나는 초록색을 보지 못할까?', '나는 얼마나 많이 기억하는가?' 같은 개인적인 것에 관해 알고자 했습니다. 그런데 이런 생각은 늘 하는 게 아니에요. 오히려 '내 아이가 나한테 무슨 말을 하려는 거지?', '내 담당 편집자는 왜 이런 질문을 했을까?' 같은 타인에 대한 응답을 온종일 궁리합니다. 우리는 사회적인 동물이니까요. 십 년 전부터 뇌과학자들과 사회심리학자들은 방향을 제대로 잡아 사회적인 관계에서 작동되는 뇌 활동을 들여다보기 시작했습니다. 대체 호모 사피엔스에게 무슨 일이 벌어졌나? 왜 이들은 특별한가?

호모 사피엔스의 사회적인 마음

○ 인간의 큰 뇌는 사회적인 문제를 다루기 위해 발달해왔고, 인간은 사회적인 마음(social mind)으로 소통한다는 점을 강조하시는데, 요즘 들어 분노 조절 장애로 인한 개인 간의 충돌이 언론에 자주 등장합니다. 경쟁이 심해지는 사회에서 상대를 협력의 대상으로 바라보기보다는 적대시하기 쉬

운데, 과연 협업은 인간의 본능일까요?

● 인간은 사회적인 동물입니다. 협력하는 동물이죠. 비록 침팬지가 똑똑한 동물이긴 하지만 100마리를 한 비행기에 태워 태평양을 건널 수는 없습니다. 한 마리도 의자에 앉아 규범을 따르지 않을 거예요. 기내가 난리도 아니겠죠. 그렇지만 우리는 100명이 함께 비행기를 타고 갈 수 있습니다. 서로 협조적이니까요. 상식적인 목적을 공유합니다. 지금의 경제 시스템으로는 이것이 어떤 의미인지 알기 힘듭니다. 하지만 사회과학 분야에 있는 사람들은 오늘날 맞닥뜨린 모든 문제에 대한 답은 사회적 그룹 공동으로 해결책을 모색할 때 풀 수 있다고 생각합니다.

○ 아주 멍청한 질문을 하나 하죠. 만약 뇌수술이 더 발전하여 사람의 뇌를 고칠 수 있다면, 아니 바꿀 수 있다면 우리는 더 나은 세상을 만들 수 있을까요?

● 뇌수술은 비약적으로 발전했습니다. 그런데도 분자생물학적인 수위로 보면 매우 초보적인 단계에 불과합니다. 지금도 뇌수술을 할 때 양쪽에 렌치로 고정해요. (웃음)

○ 당신의 『뇌로부터의 자유』를 한국어로 옮긴 번역자가 '히틀러의 뇌를 연구하면 홀로코스트를 막을 수 있을까?'라는 제목으로 후기를 썼습니다. 과연 그럴 수 있을까요?

● 제목이 아주 재미있군요. 만약 우리가 히틀러의 뇌를 가졌고, 그 뇌의 인식 패턴과 활동 패턴을 가질 수 있다면, 우리는 히틀러처

럼 행동할까요? 같은 뇌를 가졌다 하더라도 사람마다 다른 행동 반응을 보일 겁니다. 어머니도 다르고, 삶의 경험도 다르니까요. 홀로코스트는 일어나지 않을 확률이 더 높을 겁니다.

가재에 관해서라면 작은 신경세포까지 속속들이 아는 아주 유명한 뇌과학자가 전기를 보내 가재의 뇌가 활성화되는 패턴을 연구했습니다. 가재가 수축할 때 한 번 활성화되던 부분이 그다음에는 조용했죠. 아마 다른 부분은 반응했을 거예요. 저는 그런 의미에서 '다양한 실현 가능성(multiple realizability)'이라고 표현하고 싶습니다. 실제로 다양한 방식이 존재하니까요. 뇌과학의 현재가 그렇습니다. 가재만 해도 반응 패턴이 2만 가지가 넘어요.

뇌의 활동은 다루기 어려운 문제입니다. 이해하기는 쉬울지 몰라도 그 의미에 대해 한마디로 설명하기란 어렵습니다. 최근에는 큰 그림은 유전자가 그리되 그림을 이루는 세부적인 부분의 특정 연결은 개인의 활동에 의해 좌우된다 여깁니다. 후천적인 요인과 경험에 따라서도 형성된다는 거죠. 선천적 요소와 후천적 요소가 모두 중요합니다.

○ 뇌에 대한 많은 정보를 산발적으로 접하면서 '죄는 미워하되 사람은 미워하지 마라'를 '뇌는 미워하되 사람은 미워하지 마라'로 바꿔야 하나 싶었는데 뇌 탓은 아니네요. (웃음)

● 그렇게 말하는 사람도 있겠지만 나는 동의하지 않아요.

○ 뒤늦은 질문인데, 왜 뇌에 관해 알아야 할까요?

● 뇌를 알면 우리가 어떻게 작동하는지 이해할 수 있습니다. 신념이 다른 사람들이 모여 살지만 각자 어떻게 작동하는지에 대한 이해가 커질수록 덜 공격적이 되겠죠. 2002년에 미국 대통령의 생명윤리 자문위원회(the President's Council on Bioethics, 그는 2001~2009년까지 자문위원을 지냈다) 대표를 맡았을 때 나는 『뇌는 윤리적인가』를 출간했습니다. 그 당시 줄기세포, 자유의지, 기억 강화 약품 등 생활에서 논의돼야 할 의제들에 관해 열띤 토론을 진행했어요. 뇌과학자 없이도 대화를 나눌 수는 있겠지만, 뇌과학자가 있다면 그 테이블 위에 더 다양한 관점의 논의가 전개되겠죠. 사리를 분별하는 사람들이라면 풍부한 정보 속에서 더 깊이 사안의 핵심에 접근하게 됩니다.

○ 매우 중요한 조언입니다. 실패로 끝나는 정책들에는 탁상공론이었다는 평가가 이어지죠. 논의를 할 때 다양한 입장의 현장 목소리가 반영되는 구조였다면 피할 수 있었던 사건, 줄일 수 있었던 재해가 많습니다. 마지막으로 세상이 갈등과 불안에서 벗어날 수 있는 방법을 조언해주신다면요?

● 내 경험을 덧붙일게요. 나는 자기 생각이 분명한 사람들과 어울리는 것을 좋아합니다. 왜냐하면 다른 방식으로 생각하도록 계속 자극을 받을 수 있으니까요. 그래서 입장이 다른 스태프들과 항상 회의를 합니다. 모든 사람이 같은 방식으로 생각하는 곳은 피하세요. 그게 남으로부터 기만당하거나 스스로를 기만하는 함정을 피하는 방법입니다. 우리는 타인의 생각을 알아야 하고 그들이 왜 그렇게 생각하는지 이해해야 합니다. 나도 그런 바탕 위에서 학제 간 연구, 다른 학문과 교류하는 글쓰기를 해왔습니다. 내 책들은 그런 방식으로 만

들어진 성과입니다. 함께 논쟁하며 이해를 확장시켜줄 타인을 늘 허락해야 해요. 종교와 신념이 달라도 토론할 수 있다면 '집단주의적 적대감'이 자라지 않으니까요. 정보의 소통이 더 나은 세상을 만듭니다.

마이클 가자니가와의 대화를 마치면서 '시대의 마음은 오늘을 사는 우리가 만든다'는 생각을 했다.

오늘의 갈등과 불안은 어디서 오는가? 공론의 장에서 목소리를 갖지 못하는 이들은 어디에 마음 붙이고 사는가? 아메리카에서, 유럽에서, 아시아에서…… 전체주의 성향을 드러내는 우파의 목소리가 드높다. 공론의 장에서 제외됐던 사람들이 혐오와 차별을 선택하며 엘리트가 부여잡고 있던 권력을 흔든다. 인류와 함께 공존해오던 갈등과 억압은 여전히 모습을 바꾸며 진행 중이다. 미래를 억압에서 구원할 쉽고 빠른 길은 찾기 어렵다. 오늘을 사는 마음이 사려 깊은 선택을 해나갈 때 이뤄질 세상이다.

오늘을 사는 우리가 바로 앞으로 다가올, 알지 못하는 시간을 만들어가는 주체이기에 오늘 더 많은 마음이 공동의 선택에 참여할 기회를 보장해야 할 것이다. 새 차를 사며 보험증서에 사인하듯, 우리는 미래 사회를 위한 보험 같은 장치를 보장해야 한다. 입장과 생각이 자신과 다른 사람들일지라도 기꺼이 어울리는 마이클 가자니가의 매뉴얼이 미래를 억압에서 구원할 장치일 것이다.

가자니가와의 인터뷰 일부가 신문에 공개되던 가을, 《워싱턴 포스트》는 《네이처 뉴로사이언스》에 실린 연구를 보도했다. '가구 소득과 어린이의 뇌 크기에는 뚜렷한 연관 관계가 있다'는 내용이다. 인지 발달과 학습 능력을 좌우하는 가능성이 부모의 소득과 처지에 따라 달라지는 것이다. 오늘의 갈등이 일어나는 배경인 불평등이 생활 속에서 미래로 스며들고 있다. 부모의 우울한 마음이 아이들의 마음으로 녹아내린다.

가자니가와의 인터뷰 전문을 다시 정리할 즈음, 미국 잡지《와이어드》는 MIT 미디어랩 소장인 조이 이토와 버락 오바마 대통령의 대담을 공개했다. 인공지능 시대를 예견하며 국가의 역할까지 논의하던 가운데 조이 이토는 한 가지 우려를 고백한다. 인공지능을 연구하는 집단의 구성원에 대한 염려였다. 대부분 중산층 출신으로 성적이 우수하고 일류 과정을 밟으며 학력과 경력을 성취해온 백인 남성이기 때문이다. 인공지능과 연결된 미래 사회는 중산층 백인 남성의 사고에 바탕을 둔 편리를 제공할 확률이 높음을 암시한다. 현재 불거진 불평등에서 비롯하는 갈등, 불안, 억압이 인공지능 시대에도 여전할 수밖에 없을 것이라고 생각하니 안타깝다. 새로운 해법이 나온다 해도 그 수혜의 범주가 사다리 맨 아래에 있는 사람들의 마음까지 보듬지 못한다면 세상의 평화는 영영 오지 않을 개념으로 머무르고 말 것이다. 뇌를 연구하며 인간이란 무엇인가를 한평생 탐구한 가자니가의 답이 다양성을 확보하는 장치에서 맴도는 이유도 이와 같지 않을까 싶다. 그렇게 미래의 갈등을 줄이고 사회 통합력을 높이고자 모색하는 것이리라.

시대의 마음은 오늘을 사는 우리가 만든다. 과연 오늘을 사는 마음들은 무엇을 책임지려 하는가. 숨을 고를 때다.

마이클 가자니가

(Michael S. Gazzaniga, 1939년~)

1961년 다트머스 대학교를 졸업하고 1964년 캘리포니아 공과대학에서 심리학 박사 학위를 취득했으며, 세계적인 생물학자이자 심리학자인 로저 스페리에게 수학했다. 다트머스 대학교 심리학과 교수와 인지신경과학센터 소장, 미국 심리학회장, 미국 대통령의 생명윤리자문위원회 위원을 지냈다. 현재 캘리포니아 주립대학교 UC 산타바바라 심리학과 교수이며, 같은 대학 SAGE 센터 책임자로 인간 정신에 대한 종합적인 연구를 지휘하고 있다. 인간의 뇌와 정신을 연구하는 세계적인 뇌신경과학자이자 심리학자, 사상가로 인지신경과학이라는 2세대 인지과학 분야를 개척했다고 평가받는다. 특히 분리 뇌 연구로 좌우 뇌가 어떻게 소통하는지를 밝히는 성과를 거두었으며, 최근에는 뇌의 사회적·법적·철학적 함의를 연구하는 신경윤리학으로 활동의 폭을 넓히고 있다. 국내에는 『왜 인간인가(Human)』, 『뇌는 윤리적인가(The Ethical Brain)』, 『뇌로부터의 자유(Who's in Charge?)』가 번역됐다. 특히 『왜 인간인가』는 인간이 인간인 이유에 대해 그동안 인류가 파헤쳐온 각 분야의 연구 결과를 집대성한 역작으로 평가받는다.

Interview Date 2015. 06. 03
Interview Place UC 산타바바라 대학교
Photo Credit 안희경

기만과
자기기만의
수수께끼를 풀다

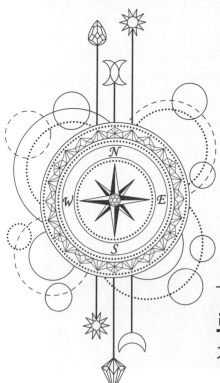

로버트 트리버스
진화생물학자

우리는 마땅한 근거에 따라 마음을 결정할까, 아니면 결정을 내린 다음 마땅한 이유를 찾을까? 세상 모든 결정에는 저마다 타당한 이유가 함께한다. 그만큼 인간은 훌륭한 스토리텔러다. 그러하기에 우리 결정이 옳은 선택이었는지는 시간이 지나고 나서야 알 수 있다. 이성이 합리적으로 활동하기 위해서는 판단이 객관화될 수 있는 장치를 갖춰야 한다. 이성적으로 판단했다고 믿었던 결정이 누군가의 기만에 빠져서, 혹은 자기기만에 걸려서 올무가 되는 일이 빈번하기 때문이다.

　진화생물학자 로버트 트리버스는 인간의 생활 속에는 항상 기만과 자기기만의 덫이 놓여 있다고 주장한다. 그뿐 아니라 사회와 국가에서도 수시로 작동한다고 덧붙인다. 국가는 전쟁을 일으켜 수많은 인명을 위험에 빠뜨리기도 하고, 느닷없이 닥친 재난에 안일하게 대응해 재앙을 초래하기도 한다. 부시 정부는 사담 후세인이라는, 9·11

사태의 본질과는 상관없는 적을 악마화하여 자국 병사를 희생시키고 무수한 민간인을 살상했다. 박근혜 정부는 '전원 구조'라는 보도를 탓하며 세월호의 침몰에 무능하게 대처한 회한을 토로했다. 기만과 자기기만이 작동한 재앙의 증거는 역사에 허다하다. 이는 타인을 배척하는 데도 작동하여 진영 논리의 골이 깊어지는 배경이 된다.

트리버스는 갈등 구조와 협동성, 권위와 자기기만 행동 유형에 관한 연구 성과로 기초과학 분야의 노벨상으로 불리는 크라포르드 상을 받았다. 그는 진화라는, 장시간에 걸친 살아 있는 모든 존재의 생존 선택 방식 속에서 기만과 자기기만의 수수께끼를 풀어냈다. 그가 근무하는 럿거스 대학교 부근에 있는 그의 아파트에서 그를 만났다. 그는 자메이카의 광활한 자연 속에 둥지를 틀고 살지만 강의 기간에는 미국에 아파트를 임대해 임시로 거주한다. 내가 찾아간 그의 미국 아파트는 그야말로 마감이 임박한 건축가의 작업실 같았다. 온갖 자료가 흰 벽에 덕지덕지 붙어 있고, 바닥은 프린트한 종이로 어질러져 발을 딛기조차 머뭇거려지는 그야말로 카오스 상태였다. 연구 자료에 갇힌 실내는 동면한 듯 시간이 멈춰 있지만, 창 너머로는 분홍색 꽃비가 흩뿌렸다. 벚꽃이 가득 피었다. 봄이 무르익어가는 날이었다.

트리버스는 한국인인 나를 보자 아베 정부의 역사 왜곡부터 비판하는 데 열을 올렸다. 일본이 위안부 문제를 자국에 유리한 쪽으로 남기려 세상을 기만한다는 질타이다. 자기기만에 빠져 비루하게 세상을 기만하고 있다는 것이다.

왜 나는 나를 속일까?

○ 일본이 보여주는 행동은 국가가 주도하는 기만과 집단이 빠진 자기기만이라는 거죠?

● 일본 사람들은 아직도 소녀들을 성 노예로 착취한 사실을 인정하지 않아요. 그러면서 '위안부(comfort woman)'라고 부릅니다. 누가 누구에게 위안을 주려 했다는 거죠? 총검을 들이대고 여성들을 납치했습니다. 여성들은 수치심으로 고통받으며 침묵했습니다. 일부는 무덤까지 가져갔어요. 하지만 1991년, 한국 여성들이 세계에 이 사실을 고발했습니다. 일본 정부에 사과를 요구했죠. 일본 정부는 독립적인 민간 대행사가 한 일일 뿐 사과할 이유가 없다고 발뺌합니다. 자발적인 매춘 같은 거라고요. 하지만 거짓말입니다. 일본 역사학자들이 군대 문서를 발견함으로써 군에서 위안부 제도를 운영한 사실을 증명했습니다. 당신은 이 역사를 나보다 더 잘 알아야 해요.

○ 국가주의가 짙어질수록 역사를 왜곡하는 국가적 기만이 빈번합니다. 이 또한 기억을 재구성하며 위안을 좇는 개인들의 자기기만 습성과 맞닿아 있을 텐데요. 우선 개인 차원에서부터 이야기하고 싶습니다. 당신은 그동안 기만과 자기기만이 어떻게 인류의 진화 과정 속에서 작동해왔는지, 그리고 자기기만이 어떤 식으로 인류 문명에 영향을 끼쳤는지를 발표해왔습니다. 자기기만, 즉 스스로 제 꾀에 빠지는 거죠?

● 자기기만은 내가 나를 속이는 거죠. 우리 안에 의식과 무의식이 있다고 치면, 의식이 모르도록 무의식적으로 현실을 편집하는 거예

요. 그러면 진실한 정보는 무의식에 저장되고 의식에는 거짓이 남죠. 같은 사건을 접해도 의식적으로 자신에게 유리한 정보를 선택해서 기억합니다. 이는 스스로를 보호하는 기능으로 사용되면서 동시에 은밀하게 타인을 기만하는 데 보호막을 더 견고하게 구축합니다. 이 주제로 책을 쓰기까지 사십 년이 걸렸어요.

○ 자기기만이 인간의 본능이라면 인류가 번식하고 살아남기 위해 이를 유리하게 작동했다는 건데요.

● 인간뿐 아니라 바이러스와 세균도 기만을 해요. 외래 침입자로 인식되지 않도록 숙주의 신체 부위를 흉내 내는 등 적극적으로 속이면서 침입하죠. HIV(인간면역결핍바이러스)는 외피 단백질을 자주 바꾸면서 인체의 지속적인 방어를 거의 불가능하게 합니다. 조류 가운데 약 1퍼센트는 다른 종류의 새가 자기 새끼를 키우도록 더부살이를 시킵니다. 뻐꾸기의 사례는 잘 알려져 있죠. 알 모양도 비슷하고, 알을 까고 나온 새끼의 입 색깔도 진짜보다 더 그럴듯합니다. 왜냐하면 선명하게 닮아야 어미 새가 먹이를 더 잘 건네주는 패턴이 있으므로 그렇게 진화했습니다. 아이들도 또래 가운데 영리할수록 거짓말을 더 자주 하는 경향이 있습니다. 똑똑할수록 자기기만을 덜 할 것이라고 여기는 통념은 위험합니다.

○ 자기기만에 빠지는 경향을 보이는 뚜렷한 행동 양식이 있습니까?

● 동물은 상대가 나타나면 털을 곤두세우고 몸집을 부풀리며 요란한 색깔로 몸을 바꿉니다. 마찬가지로 인간의 심리도 자기 부풀리

기를 합니다. 거기서부터 스스로 기만에 빠지기 시작하죠. 자기 과신이라는 함정입니다.

○ SNS에서도 강하게 표현하거나 단정적인 어조의 글에 확실히 반응이 몰립니다. 그렇지만 우리가 최소한 어떤 부분은 남보다 낫다는 자신감이 없다면 살아갈 의미를 가질 수 있을까요?

● 여러 연구가 있습니다. 미국 고등학생들을 대상으로 한 조사에서 자기 가치가 적어도 평균 이상이라고 응답한 비율이 전체의 80퍼센트였습니다. 논리적이라는 학자들을 대상으로 한 조사 결과도 다르지 않았어요. 자기 분야에서 상위 50퍼센트에 속한다고 답한 학자가 전체의 94퍼센트였으니까요. 산술적으로 보면 불가능한 답이죠. 외모에 관한 평가도 마찬가지입니다. 컴퓨터로 사진을 조작해서 사람들에게 자신과 가장 닮은 얼굴을 고르라고 했더니 대부분이 20퍼센트 정도 더 잘생겨진 사진을 골랐습니다. 매력도를 30퍼센트 더 높인 얼굴은 자기가 아닌 것 같다며 고르지 않았고, 또 10퍼센트 정도만 나아 보이게 한 얼굴은 좀 부족하다며 고르기를 꺼렸죠. 우리 대화를 읽는 독자들도 손쉽게 스스로를 평가할 수 있을 겁니다. 질문을 드리죠. 여러분은 평균보다 나은가요?

○ 자부심이 오만함으로 나아가서 남을 무시하면 곤란하겠지만, 나뿐 아니라 타인도 스스로를 존중하고 남에게도 존중받고 싶어 하는구나 하고 받아들인다면, 함께 사는 방식으로 긍정적이지 않을까요?

● 현실은 고약합니다. 자기 부풀리기 정도가 소득 불평등과 영향

을 주고받으면서 사회 갈등에 악영향을 미치거든요. 자기평가를 과하게 하는 경향은 소득 불평등 기울기와 딱 맞아떨어집니다. 소득 편차가 작아 불평등 기울기가 완만한 독일은 과대평가 경향이 낮은 반면, 소득 편차가 커서 불평등 기울기가 가파른 미국은 과대평가 비율도 높습니다. 남아프리카공화국이나 페루 같은 곳들은 더하고요. 불평등이 심할수록 타인을 보는 관점도 달라지는 거죠. 자신의 지위를 상대와 견주어 경쟁적으로 비교하려 듭니다.

강요된 자기기만의 덫

○ 경쟁이 심화되는 환경에서는 사람 사이가 멀어지죠. 다들 서로 내가 너보다 낫다고 하는 분위기에서는 감정 소모도 극심해지고요. 공공 보건 분야의 역학자들은 20세기 말부터, 특히 선진국에서 소득 불평등이 사회 전체의 건강을 좌우하는 핵심 요인이라고 주장해왔습니다. 소득 불평등 기울기가 가파른 사회에서는 부자마저도 덜 건강하다고 했죠. 불평등이 심할수록 서로 비교하고, 타인과의 유대감이 약해지며, 폭력과 집단 왕따 같은 문제들이 함께 증가하는 것을 보면 당신의 연구가 인간 본성에 관한 진실을 설명한 듯합니다.

● 자기 부풀리기의 또 다른 표현 방식이 남을 폄하하는 것입니다. 자기 과장의 다른 면이에요. 물론 다른 사람들을 조금씩 폄하할 수 있어요. 그 결과 내가 그들보다 낫다는 만족감을 얻으니까요. 경쟁 상대를 깎아내림으로써 자연스럽게 우월해지죠. 그런데 남을 폄하

하는 일이 집단적인 규모로 확대되면 인종적·민족적·계급적 편견으로 나타납니다. 전쟁 같은 도발로까지 확산되면 정말 위험하죠.

사회 활동을 하는 인간에게는 내집단과 외집단으로 편 가르기를 하는 분리가 쉽게 나타납니다. 원숭이를 대상으로 한 실험에서도 내 편과 네 편을 가르는 현상이 확인됩니다. 수컷 원숭이에게 과일 사진과 거미 사진으로 내집단과 외집단을 분리하도록 했더니 친숙도에 따라 내 편이라 여기면 과일 사진, 아니면 거미 사진으로 구분했습니다. 인간도 무리 지어 살아가는 동물이에요. 적어도 6천만 년을 그렇게 살아왔습니다. 무리끼리 경쟁했고, 전쟁의 역사만 해도 3백만 년에서 5백만 년은 되죠. 본능적으로 내 편과 네 편을 가르려는 성향이 강합니다.

○ 통치 권력은 사회적인 마음을 지배하고자 합니다. 그래서 비판하는 다수를 제압하는 유용한 통치술로 대중이 분리되어 갈등하는 구조를 조작하곤 하는데요. 종교 갈등, 지역 갈등, 성별 갈등, 세대 갈등이 정치 진영 논리로 자리 잡히면 지배 권력은 경제적·정치적으로 이익을 얻어왔죠. 불평등이 심화되는 오늘날, 편을 가르는 본성이 목소리를 내지 못하는 다수에게 장애로 다가온다고 봅니다.

● 우리가 매우 주의해야 할 점이 강요된 자기기만입니다. 인식하지 못하는 사이에 무의식적으로 세상의 편견에 의해 조정되는 부분을 말합니다. 아주 중요한 문제입니다. 나를 조정하는 힘을 알아차려야 하는데 쉽지 않아요. 심리학에서는 이를 '점화' 효과라고 합니다. 어떤 낱말이나 문장을 통해 특정한 느낌이 내부에서 올라오도록 만

로버트 트리버스

드는 거죠.

한 예로, 스탠퍼드 대학교에서 흑인·백인 학생들을 대상으로 일종의 지능 테스트를 했습니다. 처음에는 답안지에 이름만 쓰도록 했고, 나중에는 이름과 함께 인종도 표시하도록 했습니다. 이름만 쓰게 했을 때는 흑인 학생들의 점수가 백인 학생들보다 높았어요. 그런데 인종을 표시하게 했더니 흑인 학생들의 점수가 절반 수준으로 떨어지는 겁니다. 백인 학생의 점수는 약간 높아졌지만 눈에 띌 정도는 아니었어요. 흑인 학생들은 자신이 흑인임을 의식하면서부터 사회적 편견에 갇히고 말았습니다. 수세기에 걸친 차별, 즉 흑인은 멍청하다는 프레임에 갇힌 거죠.

나는 이런 현상을 '강요된 자기기만'이라고 부릅니다. 사회가 구성원에게 자신을 비하하도록 만드는 일이죠. 당신이 속한 사회에서 벌어지는 그 일들이 당신의 능력까지 약화시키는 거예요.

○ 아시아인으로 미국에 살면서 저도 일상에서 부딪치는 경험입니다. 같은 학부형인 백인 남성이 대화 도중에 제 영어 악센트를 지적하며 어느 나라에서 왔느냐고 묻더군요. 그 순간부터 제 억양과 발음은 더욱 꼬여버렸습니다. 말문이 막혔고요. 이민자라는 제 정체성에 대한 백인 남성의 보수적인 시각이 순식간에 저를 제어한 거죠.

● 그렇습니다. 이런 실험도 있습니다. 햇빛, 꽃, 전쟁, 역겨움 등의 단어를 나열해놓고 한국 사람의 이름과 일본 사람의 이름을 차례로 보여주며 연상되는 단어를 고르라고 하는 실험입니다. 한국 사람인 당신은 당신이 속한 사회의 감정을 투사하겠죠. 자신도 모르게 일본

사람의 이름에 대해 느끼는 거리감을 표출할 확률이 높습니다. 강요된 자기기만은 우리 주변에서 쉽게 발견할 수 있어요. 내 의지가 아닌데도, 과학적인 근거가 없는데도 자신과 타인을 비하합니다.

○ 선거 때 정책 토론 대신 색깔 논쟁으로 몰아가는 것도 유권자를 강요된 자기기만에 빠지도록 하는 거겠죠?

● 기만과 자기기만은 미국의 워싱턴 정치가에서도 매일 발생합니다. 그들은 많은 시간을 할애해 기만과 자기기만이 온갖 곳에서 일어나도록 골몰하죠. 한국 사람들이 의식적으로 기만에 대해 더 세심히 살핀다면 정치적으로 휘둘리는 일이 미국에서보다 줄어들겠죠. 덜 위협받고, 자신의 이익을 위해 선택하고요. 자기기만은 사각지대를 생산합니다. 우리의 현실감을 잃게 만들어요.

○ 언론의 역할, 민주적인 시스템의 작동이 중요하다고 생각합니다.

● 조직의 상층에 있을수록 더 노골적으로 자신을 과대평가합니다. 자기기만에 빠지는 경향이 높아요. 1988~1999년에 대한항공의 사망 사고 비율이 미국의 항공사보다 약 17배나 높았습니다. 미군은 공식적으로 군인들에게 대한항공을 타지 말라고 지시했고, 캐나다 정부는 착륙권 박탈까지 고려했죠. 그 문제를 살피기 위해 외부 자문단이 대한항공을 조사했습니다. 그 결과 내부의 위계질서와 권위 의식이 문제라고 발표했죠. 부기장조차 조종실 내에서 기장에게 의견을 제시하기를 조심스러워한다고 했습니다. 문화적인 요소죠. 자문단은 조종실에서 영어로 말하도록 권고했습니다. 존댓말을 사용하

는 한국말을 할 때보다는 위계적인 편향이 적게 전달되니 자기 의견을 더 적극적으로 제시할 수 있고, 정보의 흐름이 빨라지죠. 지배 관계가 확고하다는 것은 조직 구성원 수와 상관없이 단 한 명이 결정하는 것과 다름없다는 말이거든요. 단 하나의 권력이 작동하는 겁니다. 병원도 마찬가지예요. 과거에는 외과 의사한테 수술 전에 손을 씻으라고 명령할 사람이 한 명도 없었습니다. 위계질서 때문에요. 의사 역시 자기기만에 빠졌고요. 자신은 의사니까, 다 아니까 괜찮다는 식이죠. 그러다 의사가 제대로 손을 씻지 않으면 수술을 중단시킬 권한을 간호사에게 줬습니다. 혁신이 일어났죠. 감염으로 일어나는 사망률이 급감했어요.

자기기만과 자기 확신의 차이

○ 독재도 그렇고, 사회가 경직될수록 복지부동의 모습이 강합니다. 시스템이 받쳐주지 않는다면, 자기 주도로 업무를 처리해나가기보다는 명령을 기다리게 되죠. 재난뿐 아니라 사회적인 위기에도 대처 능력을 기대하기 어렵습니다. 상층에 있을수록 자기기만에 빠진다는 것은 권력을 투사하여 자신감이 높아진다는 뜻일까요? 리더의 개인적인 성향에 따른 차이 아닐까요?

● 현명한 지도자라면 자기 성찰을 하며 자기기만에 빠지지 않으려 노력하겠죠. 자기 신념보다는 정보나 전문가에게 귀 기울일 것입니다. 하지만 통계적으로 살펴보면, 사회의 상층에서 더 자기기만을 자연스럽게 여기고, 하층에서 더 의식적인 기만에 휘둘립니다. 왜냐

하면 최상층까지 올라간 사람들은 스스로 유능하다는 자부심을 느끼므로 자신이 내리는 판단은 사회 전체에 도움이 되며 공정하다고 스스로에게 투사합니다. 자기기만의 모든 조건을 갖추게 되는 거죠. 나아가 그 우두머리가 위계질서를 중시하는 권위적 성향이라면 구성원 전체를 위험에 빠뜨릴 확률은 더욱 높아집니다.

미국은 한국전쟁 때 제2차 세계대전 동안 태평양 지역에 떨어뜨린 폭탄보다 더 많은 양을 북한에 떨어뜨렸습니다. 베트남전쟁에서는 더 심했죠. 미국에는 당시 독트린이 있었습니다. "아시아에서 지상전은 없다(No land wars in Asia)." 아시아에 사람이 너무 많다는 판단에 더해, 그 지역은 아시아인의 것일 뿐 미국인이 사는 데가 아니므로 포탄을 퍼부었던 것입니다. 케네디 대통령이 베트남전쟁을 확전시켰습니다. 존슨 대통령은 그 전쟁을 정치적으로 더 확산시켰고요. 결국 미국인 5만 명을 죽이는 결과를 낳았습니다. 그리고 베트남 사람은 100만 명이나 죽였습니다. 처참한 지도력이죠. 자기기만에 빠지면 자기 확신이 과해집니다.

파충류인 도마뱀이었을 때부터 포유류인 호모 사피엔스가 될 때까지 우리는 수억 년 동안 함께 번성해왔습니다. 협력하거나 맞서거나 하면서요. 과신, 적을 얕잡아 보는 자세, 인종차별적인 관점 모두 현생인류로 진화해오는 모든 과정에서 빚어진 갈래들입니다. 그리고 그 속에서 우리는 돌이킬 수 없는 파멸을 맛보곤 했죠.

과거 영국과 터키 사이에 전투가 발발했을 때 "영국 병사 한 명이 터키 병사 열 명보다 뛰어나다"는 말이 돌았습니다. 하지만 그 결과는 영국인의 전멸이었습니다. "메신저를 쏴라(Shooting the messenger)"는 표현이 있습니다. 오래전 그리스에서 유래된 말로, 메신저가 나쁜 뉴스를 갖고 돌아오면 그 메신저를 죽인다는 것입니다. 나쁜 상황을 살피기보다 그 정보를 가져온 사람을 탓하는 지휘관의 기만적인 행위를 뜻합니다. 이라크 전쟁도 그랬어요. 반대 여론과 부정적인 정보가 난무했는데도 부시 정부는 대규모 병사를 보냈습니다. 잘 알다시피 결국 아물지 못하는 상처를 남겼어요. 앞으로 그 여파가 언제까지 이어질지 아무도 모릅니다. IS도 그 상처의 일부예요. 2003년 전쟁이 남긴 결과물입니다.

미국 상층부의 자기기만과 세상을 향한 기만은 20세기 한국, 베트남, 라오스, 캄보디아뿐 아니라 21세기에도 곳곳에서 끔찍한 기록을 남기고 있는 거죠. 제2차 세계대전 이후 벌어진 모든 전쟁의 3분의 2는 그것을 시작한 자들에게 실패의 쓴맛을 안겼습니다. 전쟁은 본질적으로 잃는 모험이에요. 타인뿐 아니라 자기 자신에게까지 치명적이죠.

○ 집단의 자기기만을 막는 일도 개인이 삶 속에서 기만에 빠지지 않는 것과 같은 맥락에 있다고 봅니다. 자기기만에 빠지지 않기 위한 장치로는 어떤 것이 있을까요?

● 만약 기만에는 주의를 기울이지만 자기기만을 무시한다면 수많은 자기기만에 빠지게 될 것입니다. 그리고 자기기만에는 관심을 갖지만 기만에는 무감각하다면, 기만이 벌이는 모든 일에 속수무책이 될 거예요. 기만과 자기기만은 하나로 결합되어 있습니다. 우리는 자신과 타인에 관해 더 많이 공부해야 합니다.

바라건대 다른 사람들은 내가 지나온 길에서 벗어났으면 합니다. 나는 대부분 기만과 자기기만에 빠지고 나서야 깨달았습니다. 그래서 지금은 중요한 결정을 할 때면 반드시 잠시 멈춥니다. 다른 모든 일을 멈추고, 인터넷도 끄고 그 일에 관한 목록을 작성하죠. 그리고 명상을 합니다. 기도를 할 수도 있겠죠. 내 기도 방식은 조금 다릅니다. 나를 변화시켜달라고 기도합니다. 나는 기도하는 사람이 뭔가에 영향력을 행사할 수 있다고 믿지 않아요. 내가 기도한다고 해서 우주의 법칙이 바뀔까요? 터무니없는 일이죠. 하지만 우리는 스스로 더욱 침착해지고 타인에게 덜 냉정하도록 기도할 수는 있습니다. 연구자의 자세로 세상에 접근하면 더 신중해질 수 있으니 그렇게 살고자 합니다.

돌아보면, 기만을 당하거나 자기기만에 빠졌던 시간을 누구나 떠올릴 수 있다. 맏이로 지워진 책임감, 여성 혹은 남성으로 길러졌던 시간, 사랑이라는 이름으로 강요됐던 억압, 명문이라는 허울로 부풀려진 자신감 또는 열등감 등. 어쩌면 지금도 우리는 기만과 자기기만 속에서 흘러가고 있을지 모른다. 자기애와 타인의 시선을 의식한 불안에 휩싸여 실제 '나'의 요구가 드러날 틈을 주지 못한 채 말이다.

한 발짝 떨어져 남의 일처럼 바라보면 안개처럼 내려앉은 주변의 힘과 시선이 보이곤 한다. 그렇게 드러낼 수 있는 실상인데도 좀체 멈춰 바라보기 쉽지 않다. 그저 잠시 가만히 앉아 살피는 일인데도 떠밀려 살아온 관성을 제어할 용기를 내기 어렵다. 수만 가지 사정 속에서 살아가는 우리이기에 기만과 자기기만으로 드러날 헛헛한 실체를 마주하는 일이란 고역스러울 수도 있다. 흔히 기만이라는 덫에 걸리는 사냥감은 탐욕일 경우가 많기에 나의 탐욕과 집단의 탐욕을 바라보고, 해체하고, 인정하는 시간은 고통이다. 하지만 새우가 껍질을 벗고 성장하는 시간처럼 인간도 진정한 어른으로 탈피할 수 있는 시간일 것이다.

타인의 탐욕이 흔들려는 우리 각자의 세상, 스스로의 탐욕이 올무가 되어 조여오게 될 시간, 눈 부릅뜨고 깨어 있어야 하는 이유다. 그 실체를 꿰뚫어 보도록 더 자주 멈춰 마음의 흐름을 알아차려야겠다.

로버트 트리버스

(Robert Trivers, 1943년~)

　미국 럿거스 대학교 인류학과의 생물과학 교수로, 1970년대 초부터 진화심리학의 초석을 마련한 최고의 생물학자다. 호혜적 이타주의, 양육 투자, 성비 결정, 자기기만 등에 관해 뛰어난 진화적 분석과 이론을 내놓았다. 2007년에는 갈등 구조와 협동성, 권위와 자기기만 행동 유형에 대한 연구 성과를 인정받아 기초과학 분야의 노벨상으로 불리는 스웨덴왕립과학원 주관의 크라포르드 상을 받았다. 1972년 하버드 대학교에서 생물학 박사 논문으로 발표한 『상호적 이타주의(Reciprocal Altruism)』는 학계뿐 아니라 세간의 주목을 받았다. 생물학자 에드워드 윌슨은 "트리버스는 지능이 뛰어난 조울증 환자로 대학원 시절부터 천재성을 드러냈으며, 내 연구실로 달려와 멋진 생각들을 뿜어내곤 했다. 그와 두세 시간을 보내고 나면 그날은 완전히 녹초가 됐다"고 평가했다. 그는 역사에도 관심이 많아서 역사와 인간, 사회, 그리고 생물학을 연결하는 다중적이고 통합적인 학문의 범례를 보여줬다. 특히 인종차별과 편향된 정치권력 구조를 비판해왔다. 저서로 『우리는 왜 자신을 속이도록 진화했을까(The Folly of Fools)』(2011년), 『자연선택과 사회 이론(Natural Selection and Social Theory)』(2002년), 『사회 진화(Social Evolution)』(1985년) 등이 있다.

Interview Date 2015. 04. 25
Interview Place 럿거스 대학교 부근 트리버스의 아파트
Photo Credit Corkey Lee

아픈
시대를
사는 마음

이해인

수녀

서사중심, 장르쾌감, 지적만족!

클라스가 다른재미

저스툰

JusToon

깊이가 다른, 재미가 남다른 웹툰 연재작

윤태호
〈오리진〉

무적핑크 with 핑크잼
〈세계사톡〉

꼬마비
〈PTSD〉

민서영
〈쌍년의 미학〉

seri, 비완
〈그녀의 심청〉

뉴롱이, 디망
〈내 자기님이 로그인 하셨습니다〉

마영신
〈콘센트〉

JESS
〈컬러 커플〉

민조킹
〈쉘 위 카마수트라〉

부산 성베네딕토 수녀원을 십칠 년 만에 다시 찾았다. 이해인 수녀님이 사는 곳이다. 이제는 도시 개발로 빌딩 사이 해송과 동백에 둘러싸여 섬처럼 남겨졌지만 평화와 수도의 기운은 여전했다. 해인 수녀님의 거처는 동산 아래 해가 깊숙이 들어오는 민들레방이다. 서가에는 『논어』와 『시경』, 『장자』, 『수타니파타』, 『소네트』 등이 빼곡히 꽂혀 있다. 특히 네 종이나 되는 『논어』는 귀퉁이마다 닳아 테이프로 겹겹이 수선한 채였고, 양장본 서문당 『논어』는 손때로 윤이 반지르르했다. 그가 『성경』 다음으로 좋아하는 책이라 한다.

　선반과 바닥에 박스와 보따리가 쌓여 있다. 독자와 지인이 보내온 선물이다. 꾸러미들은 곧 어딘가로 흩어질 것이다. 수녀원에 도착한 그 시각에도 해인 수녀님은 가르멜 봉쇄수도원 후원 모임에서 나눠 줄 엽서며, 묵은 달력으로 만든 고운 봉투를 챙기느라 허리를 펴지 못했다. 그가 제일 좋아하는 선물은 나누기 좋은 선물이다. 그래서인지 많은 이들이 그를 '엄마 수녀', '이모 수녀'라고 부른다.

해인 수녀님은 2008년 암에 걸렸지만 지금껏 잘 버티고 있다. 재발 없이 오 년이 지나자 주변에서는 안도했지만 그는 유언장을 작성하고 법원 공증을 마쳤다. 모든 저작권을 공동체에 일임하고 장례도 수도원에서 간소하게 치르라 당부했다. 이제야말로 떠나도 된다며 개운하게 웃었다.

몸 낮추며 살아온 오십 년의 수도 생활. 공감과 배려를 성품으로 담으려고 애써온 그 시간에 깨우친, 아픈 시대를 함께 견디는 지혜를 얻고자 찾아갔다. 오후였고, 볕이 따뜻했으며, 이틀을 함께했다. 수녀원은 동백 이파리까지 더 짙은 초록으로 반질거렸다.

우리 안의 순한 마음

○ "우리 안에는 순한 마음이 있다"는 말씀을 이십 년 넘게 해오셨는데 세상은 더욱 거칠고 각박해집니다.

● 모든 인간 안에는 진실한 것, 선한 것, 참된 것에 대한 동경이 있습니다. 내가 성선설 쪽이에요. 윤동주의 「서시」처럼 살고 싶은 마음을 계속 그리워합니다. 그렇지만 인간은 참 다면적이에요. 훌륭하다고 하는 이 안에도 비굴함이 있고 아주 악명 높은 이 안에도 굉장히 아름다운 어떤 것이 숨어 있거든요. 가끔 구상 선생님이 생각나요. 사회적으로 존경받지 못할 사람들까지 다 품어주고, 주례를 부탁받으면 기꺼이 주례도 해주셨죠. 환속한 사제들에게도 당신이 자꾸 주

례를 서주니까 추기경님이 벌레 씹은 얼굴로 보더라고 말씀하셔서 내가 "아, 그러니까 왜 자꾸 그러세요?"라고 했죠. 구상 선생님의 대답이 그야말로 명답이었어요.

"사람들이 우정을 틀 때 장점부터 트지만, 나는 단점부터 튼다. 좋은 점만 보면 누구인들 친구를 못 하겠냐. 손가락질 받는 이라 해도 친구가 있어야 살지 않겠냐. 내가 그 역할을 하겠다."

우정에 대한 지론이죠. 나도 그 마음을 본받아서 상처 많은 이들과 함께하려고 합니다. 그들의 마음을 열려면 공도 많이 들고 힘들어요. 지성적으로 멋있는 사람을 만나면 나도 점잖고 좋죠. 하지만 해야죠. 내가 먼저 해야죠.

○ 나이 들수록 종교를 찾는 친구들이 늘어요. 부름을 받았다며 열성을 보입니다. 많은 기성세대가 종교 따라 투표도 하고, 광장에 나와 싸우기도 합니다.

● 선교에 열을 올리고 그러는데, 나는 종교라는 이름으로 우리가 잘못하는 거 아닌가 싶어요. 이번 교황님(프란치스코 교황)은 '개종을 강요하지 말라' 하셨잖아요. 그 말이 참 마음에 들더라구. 제일 당황스런 질문이 사람들이 나보고 예수님 언제 영접했냐는 건데, 그러면 "영접요?" 나는 그러거든요. 생경하게 들리니까. 영성 생활에서 드라마틱한 어떤 것을 꿈꾸는 거, 위험하다고 느껴요. 꾸준히 평범해야 하는데 드라마틱한 것을 추구하다 보면, 어느 순간 그게 아닐 때 나락으로 떨어지더라고. 수도 생활도 그래요. 수녀원에서 우리는 우스갯소리로 너무 열심히 하는 걸 두려워한다고 해요. 너무 열심히 하는

사람들, 그때는 불에 타 죽을 것처럼, 그러다가 조금만 감미로운 기운이 떨어지면 못 견디는 거야. 차라리 그 기운을 좀 아껴서 꾸준하게 한결같이 가는 걸음, 그게 참 중요한 건데…… 캄캄하고 암흑 같은 인생길이 오히려 더 정답입니다. '꿈에 나타나셨다', '답을 주셨다' 그러는 모습들에서 많은 경우 나는 아픔 같은 걸 느껴요.

○ **자기가 약해서 매달리려는 걸까요? 아니면 자기 합리화일까요?**

● 자기 위로이거나 혹은 도움받고 싶은 거죠. 세계에 많은 종교가 있지만 '판단 보류의 영성'이 실제 생활에 무척 도움이 됩니다. 내가 종교학에서 배운 이론인데, "인간에 대해 판단은 보류하고 사랑은 빨리하라"고 하더군요. 보류하는 마음이 없으면 자꾸 실수하고 충동적으로 행동하게 되잖아요. 더 쉽게 말하자면, 타인을 함부로 평가하지 말라는 그런 말이겠죠. 내가 얻은 결론은 사람이 다 비슷비슷하다는 거, 잘나면 얼마나 더 잘났겠어요. '참 너도 노력하는데 뜻대로 잘 안 되지?' 이런 연민의 정을 가지고 사는 것이 내 결론이에요.

○ **공적인 자리에서도 하느님을 만났다고 말하는 신념을 이해해보자면, 큰 대상을 의지하면서 순해진 자신을 불러낸다는 겸손의 뜻도 있지 않나 싶어요.**

● 물리적인 것은 아니고, 달빛처럼 스며드는 꽉 찬 빛의 느낌이라고 생각해요. 십자가에 박혀 나타나는 그런 하느님 말고, 내 존재 안에 달빛처럼 스며들어서 내 마음이 이 세상에 사는 모든 사람에게 친척처럼 열린 이것을 나는 하느님의 현존으로 보고 싶어요. 나는 이

기적이고 굉장히 부족한 사람이지만 다 내 식구같이 뭐라도 주고 싶고, 사랑하고 싶어진 거, 또 내가 지금 암에 걸려서 고통스럽지만 원망하지 않고 이 아픔을 통해 사람들과 친구가 되고 씩씩하게 견뎌내는 이 힘, 나는 이것을 은총이라고 부르고 싶지. 성모님이 나타나서 안아주고 그런 건 아니죠. 그런 꿈을 꿀 수는 있겠죠. 나도 반 투안 주교님이 나타나서 성경책을 주는 꿈을 꾸긴 했어요. 그러나 그런 건 지나간 부분이고, 거기에 취하면 안 되는 거죠.

○ 수도의 길이 차근차근 익어가는 깨우침이라는 건가요?

● 일상에서의 수도가 아주 중요해요. 깨우침도 대나무처럼 매듭이 있거든요. 하다가 안 풀리면 그렇게 있다가 또다시 맺는, 그런 게 수도의 길 아닐까요.

거룩함에 대한 개념도 지혜롭게 해야 해요. 예를 들면 이렇게 귤과 사과가 있어요. 그럼 "맛있게 먹을게요" 하는 것도 아름답고, 또 어떤 사람은 "저는 굶주리는 아프리카 사람들을 위해서 안 먹고 극기하겠습니다" 이런 것도 사랑이라고 하면, 이 극기한 사람이 과일을 먹은 사람을 향해 탐욕스럽다고 비난해서는 안 되잖아요? 말하자면 그게 판단 보류죠. 근데 우리는 안 먹은 사람이 먹은 사람을 굉장히 우습게 생각하는 경향이 있죠. 그럴 때 수녀원에서는 "저 사람, 상투스야, 상투스('거룩하시다'로 시작하는 성가)"라고 말해요. 진짜 거룩해서가 아니라 입만 열면 거룩한 소리로 남한테 부담을 준다는 거죠. 그래서 '천사표', '거룩하다'는 말을 듣는 사람이 조심해야 합니다. 함정이 있으니까. 맛있게 먹고 남을 비난하거나 그러지 않고 재미있게 사는 사람이 더 겸손할 수 있어요.

약점을 자랑한다는 것

○ 매일 SNS에는 비판, 또 그 비판하는 이를 향해 잘난 척하지 말라는 비판이 난무합니다. 사람의 심사가 살랑살랑합니다.

● 정보가 너무 많으니까 이제 지식 습득은 그만하고 인간을 해석해서 배려하는 시대로 넘어가야겠죠. 이런 시대에 부모 노릇 하기 얼마나 힘들까요? 엄마 노릇 하기도 힘들고, 아내 노릇 하기도 힘들고. 그러니까 함부로 우리 같은 사람이 성경에 있는 말만 가지고 가정생활 하는 사람한테 이러쿵저러쿵 잔소리하면 그것도 겸손하지 못한 거지.

강연을 마치고 사인을 해줄 때도 애틋한 마음이 있어요. 사인하는 것을 세속적으로 볼 수도 있겠지만 어렵게 걸음을 해서 온 마음을 지나칠 수는 없잖아요. 짧은 삼십 초, 일 분 안에 별별 이야기를 다 합니다. 아이가 발달장애인데 수녀님 한마디만, 아들이 알코올중독인데 수녀님 한마디만, 그래요. 사인 자체가 중요한 것이 아니죠. 그런 마음들을 알게 되면 사명감을 갖고 눈을 맞추면서 사인할 때 꽃을 그리거나 스티커를 붙여주곤 해요. 또 높은음자리표를 그리면 "어머! 수녀님, 제가 성가대 하는 줄 어떻게 아셨어요?"라며 깜짝 놀라요. 그런 분에게 "내가 알긴 어떻게 알아요"라고 할 수는 없잖아요. 초를 치면 안 되죠. 그래서 "아, 수도 생활 사십 몇 년 하다 보면 필

(feel)이 옵니다"라고 해요. (웃음) 그렇게 마음과 마음이 교감하는 거죠. 그들 중 한 사람으로 내가 있고 싶고요. 내 글을 사랑해주니까 내가 있는 거지, 내가 나아서가 아니잖아요? 겸손이 기본 덕목인 것 같아요, 특히 수도 생활은. 자신의 약점을 항상 자랑할 수 있는 겸손.

○ **약점을 자랑한다는 말씀, 좀 더 설명해주시죠.**

● 사도 바오로가 "내가 자랑할 것은 약점밖에 없다"고 말씀했다고 성경에 나와요. 그게 무슨 말인지 살면 살수록 알겠더라니까요. 아! 약점을 자랑하는 용기가 있으면 살겠구나. 언제나 망신당할 각오가 되어 있는 사람들은 살아요.

○ **약점을 드러내도 이 사회에서 안전할까요?**

● 그런 사회가 돼야죠. 하지만 우리 정치인들도 약점을 자랑할 용기가 부족해요. 남을 탓하는 것은 잘하는데 미안하다, 잘못했다는 말은 안 나오나 봐요. 인간이 참 자기도 모르게 어리석다고 할까. 오히려 어리석은 용기가 필요한데 말이에요. 김수환 추기경님은 자기 자신을 어떻게 탓했는지 아세요? "나는 가난한 사람들을 위한다고 말만 하고 같이 살아보지 못해서 거기에 대한 부끄러움이 있습니다." 항상 이렇게 말씀하셨어요. 당신은 평생 불면증으로 고생을 하시면서도. 또 그분도 얼마나 비난의 대상이 되고 그랬어요. 기자가 "사제단 신부 중에 한 분이 강력하게 비난하는데 어떻게 생각하시느냐"고 물었더니 "그럴 만한 요소가 있으니까 나도 비난을 받는 거다"고 하셨죠. 저분은 항상 어리석음과 약점을 드러내놓고 사시는구나, 참 닮

고 싶다고 느껴지더라고요. 큰 덕을 이룬 분일수록 언어가 달라요. 인간의 언어로 이야기한다고 할까요? 젠체하거나 경건을 따지지 않고 자연스럽죠. 고통 앞에 중립은 없다고 하신 교황님의 말씀도 얼마나 인간적으로 밀려오나요. 문제는 교황님이 다녀가시고 그 감탄이 삶으로 이어져야 하는데 우리가 변화되지 않으니까 교우들은 교우들대로 회심이 일어나고, 대중은 대중대로……. 교황님이 여러 번 다녀가셔도 현재 리더들이 파격적인 모습을 보여주지 않으면 안 된다는 것을 또 배우는 거죠.

위로에도 겸손이 필요하다

○ 세월호…… 아직도 많이 아프시죠? 수녀님의 에세이 『필 때도 질 때도 동백꽃처럼』에서, 제일 먼저 침몰 소식을 전하고도 구조되지 못한 최덕하 군 어머니의 문자 메시지를 읽었습니다. 그중에서도 자기 생명도 나눠줄 수 있다면 필요한 이들에게 주고 바람이 되어 아들 곁으로 날아가고 싶다는 어머니의 고백이 서늘하게 마음에 박혔어요. 그런데 정작 수녀님이 보낸 메시지나 위로의 마음은 자세히 나오지 않아 의아했습니다.

● 여러 신문사에서 글을 써달라는 청을 받았어요. 그런데 못 쓰겠더라고요. 이제까지는 원고 청탁이 오면 다 썼어요. 미국에서 한인 학생 총기 난사 사건이 났을 때도, KAL기 폭파 사건 때도 썼어요. 중국 민항기가 떨어져서 사람 몇 백 명이 죽었을 때는 사이트까지 들어가서 글을 남겼죠. 그때가 2002년도였어요. 사람들이 다 월드컵에

빠져 있을 때…… 해마다 여름이면 깨꽃이 펴요. 그때 승객들이 중국에서 깨를 봉지봉지 사가지고 왔는데 그 깨가 허공에서 다 풀어져서. 가슴 아픈 일이에요. 그랬는데, 세월호 때는 아무리 쓰려고 해도 도저히 안 나오더라고. 도저히 글을 못 쓰겠더라고요. 어떡해야 할지를 모르겠고. 겨울에 책을 내면서는 뭐라도 마음 한 조각 넣고 싶은데 그때까지 시도 안 되고, 산문도 안 나오고. 그러다 덕하 어머니가 보내온 메시지를 넣었던 거죠.

세월호 사고 나고 부산이랑 몇 군데 시청에 가서 국화꽃을 바치곤 했는데 막상 현장에는 가지 못하겠더라구요. 팽목항에도 우리 수녀님들이 대신 가. 아이들을 가장 많이 잃은 안산 와동 성당에는 우리 집 수녀님 세 분이 가서 일을 하고 있어요. 덕하 어머니는 그 인연으로 여기를 다녀갔고요. 그 부모들 마음을 생각하면 아파요. 많이 아파요. 우리가 그 아이들을 죽인 것이나 마찬가지잖아요. 우리가…….

○ 어른이 되면 슬퍼도 마음 놓고 슬퍼하기가 어려워요. 관계 속에 있어서죠. 세월호 부모들의 고통은 타인은 헤아리지 못하는 슬픔이고, 게다가 유가족은 이제 그만하라는 사회적 비난에도 시달립니다. 아픔에서 빠져나오기까지 걸리는 시간, 때론 영원이 될 수도 있겠죠?

● 시간이 아주 많이 필요하고, 함께해주는 것이 필요하고……. 슬픔 속에 있는 사람한테는 어떤 말로도 위로가 안 돼요. 내가 쓴 시 중에 '슬픈 사람에게는 위로하는 것도 겸손이 필요하다'는 글이 있어요.

슬픈 사람들에게 너무 큰 소리로 말하지 말아요.

마음의 말을 은은한 빛깔로 만들어 눈으로 전하고

가끔은 손잡아주고 들키지 않게 꾸준히 기도해주어요.

슬픈 사람들이 슬픔의 집 속에만 숨어 있길 좋아해도 너무 나무라지 말아요.

훈계하거나 가르치려 들지 말고 가만히 기다려주는 것도 위로입니다.

그가 잠시 웃으면 같이 웃어주고 대책 없이 울면 같이 울어주는 것도 위로입니다.

위로에도, 인내와 겸손이 필요하다는 걸 우리 함께 배워가기로 해요.

내가 경험해보니까 이런 마음이 필요한 것 같아요.

○ 다들 고달프고 불안하니까 어디엔가라도 탓을 하고 싶고, 각박해지는 것 같아요.

● 강의를 하면서 눈을 마주치면 이 시대의 남성들, 아빠들도 참 고달프구나 싶어 마음이 짠해져요. 내가 말로라도 "힘들 때가 많으시죠?"라고 안다는 듯 말을 걸면 울려 그래요. "김현승 시인이 아버지가 마시는 술에는 눈물이 절반이라고 했습니다"라고 하면 그 말이 위로가 된다고 해요. 마음 안에 다들 보이지 않는 슬픔과 공허함이 있는 거죠.

산 너머 저쪽 더욱 멀리 행복이 있다고 사람들은 말하네. 나는 그를 찾아 남 따라갔다가 눈물만 머금고 되돌아왔네.

십 대에 읽은 카를 부세의 시예요. 행복은 멀리 있지 않다는 것을 우리도 알죠. 그런데 알면서도 계속 멀리 따라가요. 또 언젠가 한 번은 죽는다는 것을 알면서도 안 죽을 것처럼 살아요. 이런 게 인간의 어리석음인가 싶다가도, 이 어리석음 때문에 오늘을 살지 맨날 죽음을 생각하면 허전해서 어떻게 살겠나 싶고. 중요한 것은 오늘이라는 이 하루를 정말 충실하게 최선을 다해서 살아야 한다는 데 답이 있겠죠.

○ **아픈 시대를 살아가는 사람들에게 들려줄 조언이 있다면요.**

● 차가운 이성의 부름을 가져다가 나 스스로 조절해야겠죠. 누가 도와줄 수는 없어요. 내 문제를 남들이 들어주기는 해도 결국 그 남이 나는 아니거든요. 내가 나의 수련장이 되는 수밖에. 나도 자괴감을 느낄 때가 있어요. 수도 생활 오십 년을 했으면서 이것밖에 안 되나 싶고. 내가 이상적으로 그려보는 그런 덕스러운 모습을 왜 정작 나는 못 가지고 있나. 한없이 부족함을 느끼죠. 그런데 이런 나에게 간혹 독자들이 "수녀님이 그 자리에 계시는 것만으로도 위로가 된다"고 말할 때가 있어요. 그러면 '아, 내가 길을 안 바꾸고 여기서 버티기를 잘했구나' 환희심이 차올라요. 불교에서 쓰는 '환희심'이라는 말을 좋아해요. 기쁨보다 더 스며드는 마음 같다고나 할까요. 햇볕이 들어와서 방을 데워주듯이 그렇게 마음을 얻어가며 사는 거죠.

○ 햇볕이 방을 데워주듯 배려의 온도가 높아지는 시절이 되면 좋겠어요.

● 춥고 아플 때 햇빛 한 줄기의 역할이 얼마나 소중한지 모릅니다. 어느 날 아침, 광안리 바다에서 해가 올라오는 거예요. 눈을 못 뜰 정도로 눈부셨어요. 그때 해 아래 사는 기쁨이 올라왔습니다. 아, 산다는 것은 이런 햇빛과 함께 있는 거구나! 네, 달과 해를 통해서 우주 만물의 신비와 나 자신의 적응과 모든 인간의 지구상의 연결을 느낍니다.

민들레방에 있는 해인 수녀님의 여닫이장에는 노트 147권이 있다. 그날그날의 메모가 담긴 일기장이다. 아무거나 꺼내 펼쳐 봐도 된다고 하셔서 "보여주려고 쓰셨어요?"라고 물으니 껄껄 웃으신다. 나이가 드니 이젠 다 아무렇지 않다며.

대한민국도 광복 후 칠십이 년을 맞았다. 해인 수녀님과 같은 나이다. 털어야 할 앙금도 어리석음을 드러내는 용기로 풀고 햇빛 한 줄기 같은 따뜻한 마음을 모으면 어떨는지.

2014년 4월 19일, 세월호가 침몰한 지 나흘째 되던 날 수녀님의 일기장에는 "몸속의 슬픔, 몸속의 겨울"이라고 적혀 있었다. 슬픔도 얼어붙어 토해지지 않는 아픔이었나 보다. 인터뷰가 신문에 공개되던 일 년 뒤 그날에도, 아스팔트 냉골에 무릎을 찧고 등을 누이고 단식하는 유가족들에게 해인 수녀님의 마음이 닿기를 바랐다.

이해인

(1945년~)

시인이자 성베네딕토 수녀회 수녀. 스무 살에 수녀원에 입회해 첫 서원 때 받은 수도명이 '클라우디아'다. 일명 구름 수녀. 1976년 종신서원을 한 후 오늘까지 부산에서 살고 있다. 필리핀 성루이스 대학교 영문학과, 서강대학교 대학원 종교학과를 졸업했다. 자신의 수도 생활을 시로 담으며, 그 시가 사람들에게 꽃씨로 전해져 사랑과 위로의 꽃으로 피어나길 원했다. 첫 시집 『민들레의 영토』를 출간한 이후 『내 혼에 불을 놓아』, 『오늘은 내가 반달로 떠도』, 『시간의 얼굴』, 『외딴 마을의 빈집이 되고 싶다』, 『다른 옷은 입을 수가 없네』, 『작은 위로』, 『꽃은 흩어지고 그리움은 모이고』, 『작은 기쁨』, 『희망은 깨어 있네』, 『작은 기도』, 『이해인 시전집 1·2』 등을 펴냈다. 동시집으로 『엄마와 분꽃』, 시선집으로 『사계절의 기도』를 출간했다. 다수의 산문을 발표했는데, 첫 산문집 『두레박』을 시작으로 『꽃삽』, 『사랑할 땐 별이 되고』, 『향기로 말을 거는 꽃처럼』, 『기쁨이 열리는 창』, 『풀꽃단상』, 『사랑은 외로운 투쟁』, 『꽃이 지고 나면 잎이 보이듯이』, 『필 때도 질 때도 동백꽃처럼』 등이 있다. 이외에 마더 테레사의 『모든 것은 기도에서 시작됩니다』를 비롯한 번역서 몇 권과 프란치스코 교황의 짧은 메시지에 묵상글을 더한 『교황님의 트위터』를 펴냈다. 제9회 새싹문학상, 제2회 여성동아대상, 제6회 부산여성문학상, 제5회 천상병 시문학상을 받았다.

Interview Date 2014. 12. 19~12. 20
Interview Place 부산 성베네딕토 수녀원 민들레방
Photo Credit 정연순, 안희경

21세기
사랑이란

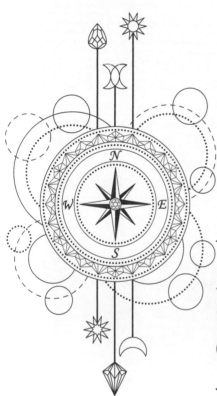

지그문트 바우만
& 알렉산드라
야신스카 카니아
사회학자

"인간의 유대감이 얇아지고 있습니다. 연인들은 예전처럼 충실하지도 안정적이지도 않으며, 어울려 파트너로 지낼 수 있는 시간은 오직 만족을 느낄 때까지일 뿐이죠. 만족감이 떠나면 같이 있어야 할 이유도 사라집니다."

2014년, 《문명, 그 길을 묻다》를 연재할 당시 사회학자 지그문트 바우만이 내게 들려준 말이다. 21세기, 우리는 인스턴트 사랑을 한다. 우정도, 사회적 신의도 인스턴트다. 오늘 우리는 헤어짐이 두려워 사랑의 유혹에 눈감는다. 혼자 남겨질까 봐 무서워 사랑을 전하지 못한다. 일단 서약하면 끝낼 수 없었던, 무쇠솥 같은 무게를 버텨야 했던 옛 방식이 관계를 시작하는 데 더 두려운 장애가 될 법한데도, 오히려 가벼이 끊고 마는 현대의 사랑이라 머뭇거리게 된다. 상처에 대한 보장이 없기 때문이다. 지금 우리는 어떤 관계 속에서 살아가는가?

영국 리즈에서 지그문트 바우만을 다시 만났다. 집으로 들어선 내게 또 한 명의 인터뷰이를 초대했다며 소개한다. 그의 연인 알렉산드라 야신스카 카니아다. 바우만은 야신스카 카니아야말로 자신이 읽어본 사랑에 관한 연구서 가운데 최고의 글을 쓴 저자라고 했다. 사랑 이야기를 하고 싶다고 청한 나를 위해 바우만이 살뜰하게 배려한 것이었다.

"폴란드어를 아세요?" 내가 모른다고 하니 "그러면 이탈리아어는 읽을 수 있나요?"라고 묻는다. 역시 모른다며 고개를 저으니 안타깝다는 듯 싱긋 웃고는 다과 테이블로 안내했다. 초콜릿 대니시와 하얀 생크림을 얹은 딸기, 김이 피어오르는 붉은 홍차 잔이 놓여 있었다.

푸른 의자에 앉으면서 바우만은 두어 달 전 야신스카 카니아와 함께 이탈리아어로 현대 소비 시대 속 디지털 문명의 사랑 방식에 관해 얇은 책을 출판했다고 말했다. 나는 그만 잘 차려진 밥상을 앞에 놓고도 지독한 혓바늘 때문에 입도 벌리지 못하는 배곯은 나그네의 심정이 되고 말았다.

지그문트 바우만은 현대성을 낱낱이 밝히고 그려내는 당대의 대표적인 사회학자다. 이 인터뷰 당시 89세의 나이에도 불구하고 그의 목소리와 몸짓에는 여전히 청년의 기백이 넘치고 눈동자는 형형했다. 알렉산드라 야신스카 카니아는 83세로, 역시 유럽을 대표하는 사회학자다. 바우만에게 야신스카 카니아의 이력을 듣고 난 다음 일 년 전 만남에서 바우만의 동반자인 줄도, 저명한 학자인 줄도 알아보지 못한 나의 불찰이 멋쩍어 우물쭈물하고 말았다. 그때 그녀는 얌전히 다과만 건네고는 자리를 피했다. 맛있는 초콜릿 대니시가 다 팔릴까 봐 일부러 아침 일찍 시내에 다녀왔다며 빵을 권했고, 기차에서 먹으라며 싸주기도 했다. 그때는 바우만의 안부를 챙기러 들르는 고향 사람일 것이라고 짐작했다. 소녀처럼 수줍게 웃는 미소가 겸손하고 우아했다. 두 번째 만남에서도 지식인에게서 흔히 받는 인상을 느낄 수 없었다. 집으로 돌아온 뒤 그녀가 폴란드 초대 대통령의 딸이며 대통령궁에서 성장했음을 알고 그 소박함에 입을 다물지 못했다.

바우만의 응접실에서 무릎을 맞대고 함께한 시간은 스산한 겨울 아침이었다. 밤새 흩뿌렸던 비가 살얼음이 되어 우체부는 신발에 아이젠을 부착해야 했다. 그러나 두 노학자에게서 피어나는 사랑의 훈기는 금세 온기를 불러왔다. 덕분에 대화가 무르익었다. 사랑스러운 커플과 대화를 나누는 동안 인간을 성장시키는 동력 가운데 사고의 힘이 얼마나 큰지 진하게 확인했다.

21세기 원거리 사랑법

○ 오늘은 21세기 사랑에 대해서 묻고자 합니다.

● 바우만 : 장거리 연애에 관해 글을 썼죠. 같은 집에 살지 않는 커플들, 현대의 라이프스타일입니다. 남편은 캘리포니아에, 부인은 뉴욕에 살면서 둘 다 자기 일을 해요. 같은 나라에 있다면 그나마 다행이지만, 다른 나라에 떨어져 있는 커플도 많죠. 인터넷이 있어 이제 육체적인 근접성은 큰 문제가 되지 않아요. 정신적인 단란함이 육체와 독립될 수 있습니다. 수백만 킬로미터를 떨어진 사람과도 사랑에 빠질 수 있어요. 한국이라면 더운 여름방학에 봤다가 추운 겨울방학

에 보듯이 몇 달 만에 함께해도 견딜 만합니다. 커플들의 일상은 스카이프(Skype)로 연결되어 있어요. 하루에도 여러 번 서로에게 말을 걸고 눈을 맞춥니다. 세상에는 이미 새로운 관계 맺기가 등장했습니다.

○ 이삼십 대 사이에는 장거리 연애, 일명 '롱디 커플(long distance couple)'이 아주 많습니다. 기러기 부부도 여기 속하겠죠. 세계화 시대라 지구를 돌며 먹고살 길을 찾습니다. 한국도 100명 중 세 명이 외국인 체류자예요.

● 바우만 : 그들은 서로 어떻게 결합할까요? 어떻게 상대를 길들일까요? 프랑스 작가 미셸 우엘벡은 통찰력이 매우 뛰어납니다. 그는 『어느 섬의 가능성』에서 디스토피아에 관해 이야기했습니다. '우리가 지금의 경향대로 더 나아간다면 어디에 도달할까?' 사랑하는 모습만 본다면, 아주 많은 커플이 반만 결합한 채로 살 거라고 말합니다. 거리가 멀어서가 아니라 우리 자체가 서로 함께하고 싶어 하면서도 독립적이고 싶어 하기 때문이죠. "나만의 공간이 필요해!" 할리우드 영화에 자주 나오는 이 말은 좀 떨어져 있자, 나를 좀 내버려두라는 뜻이죠. 바로 우리 시대의 이념입니다. 오늘날 의존성은 추접스러운 말이 됐어요. 여전히 유효한 "좋을 때나 나쁠 때나, 부유하거나 가난하거나 그대를 의지하겠습니다"라는 결혼 서약과는 앞뒤가 다르죠.

○ 현실에서는 사적 공간에 대한 집착이 강하죠. 특히 미국인들은 투명한 공 속에 들어 있는 듯 행동합니다. 그들 스스로도 '아메리칸 버블(bubble)'

이라고 부르죠. 어쩌다 몸이 스치기라도 하면 화들짝 놀라며 호들갑스레 "실례합니다"를 연발합니다.

● 바우만 : 우엘벡은 이제 사랑이 응답하는 곳은 전과 다르다고 말합니다. 사람들은 온종일 다른 사람과 연결되기를 원하지만 몸은 일종의 자기만의 요새 안에 있다는 거죠. 연결은 인터넷으로만 하고 각자 홀로 살아요. 타인과 대면하지 않고 요새 안에서 가시철조망을 두른 채 온라인의 중재로 사랑을 나눕니다. 순수한 미디어 사랑이죠.

사랑, 두 주체가 객체가 되는 시간

○ 삭제 버튼 하나로 사라질 사랑이네요. 그 속에서 또 다른 관계를 산책할 수도 있고요. 사실 온몸을 드러내고 목소리를 들려주며 누군가를 만난다는 것이 불편하긴 합니다. 감정을 들킬까 봐, 거부당할까 봐 문자만으로 소통하죠. 썸 타는 시대, 소극적입니다. 우리 사랑을 과연 누가 조정하는 걸까요?

◐ 야신스카 카니아 : 얼마 전에 지그문트가 프란시스 교황의 글을 보여줬어요. 한 젊은이가 교황에게 질문했습니다. "교황님, 저는 어떻게 사랑을 하는지 모르겠어요." 교황의 답은 이래요. "누구도 사랑하는 법을 모릅니다. 매일 우리 스스로 배워나갈 뿐입니다." 그래요. 사랑은 배우는 것입니다. 물론 느닷없이 사랑에 빠져들 때도 있어요. 그 사람과 소통하고 싶은 욕망이 일죠. 거기에는 약속(서약)을 지키는 일이 요구됩니다. 그럼에도 불구하고 우리는 관계를 이어가겠다고 결심해요. 동시에 거기에는 관계에서 비롯하는 물리적·심리적·

지그문트 바우만 & 알렉산드라 야신스카 카니아

사회적 갈등이 발생하죠. 우리는 이 갈등을 매일 풀어나가야 합니다. 사랑에 빠진 사람들은 말다툼하고 싸워요. 왜냐하면 주체와 객체의 관계가 섞여 있기 때문입니다. 당신은 그 사랑의 주체입니다. 그리고 당신 사랑의 대상(객체)인 그를 사랑합니다. 그런데 그 대상은 객체이자 또한 그 사랑의 주체거든요.

○ 사랑하는 대상이 의지를 갖는 주체이므로 갈등이 생길 수밖에 없다는 뜻인가요?

● 바우만 : 알렉산드라는 데카르트의 주체와 객체 사이에 놓인 구분을 말하고 있어요. 데카르트에 의하면, 객체는 수동적이고 내가 규정한 대상입니다. 내가 그 대상에 모양과 의미를 부여했어요. 즉 내 의지의 수신자이죠. 그리고 알렉산드라가 말했듯이 사랑을 나누는 관계에서는 주체와 객체의 구분이 삭제됩니다. 왜냐하면 각자가 주체인 동시에 객체니까요. 두 주체가 만나면 그다음에는 꼭 문제가 일어나기 마련이에요. 주체는 각각 굴러오는 바퀴가 되고, 두 바퀴는 충돌할 수밖에 없죠. 갈등 없는 사랑이 가능하다고 믿는 것은 미련하다는 자각이 일어날 만도 한데, 우리는 어떤가요? 사랑에 빠지면 자신의 사랑에는 끊임없는 축복이 내릴 거라고 기대하죠. 나는 내 공간을 가지면서 내 마음대로 할 수 있는 대상(객체)을 만났다고 부풀어 오릅니다.

○ 다른 사람들에게는 차갑더라도 나에게만은 너그럽다는 그 유일함을 믿으며 사랑에 빠지죠. 까칠한 사람들이 풍기는 매력이 개인주의 시대에도

여전히 인기 있습니다. 나쁜 남자, 나쁜 여자 신드롬요.

● 바우만 : 그럴 수 없어요. 첫 말다툼이 있고 나면 그냥 멀어집니다. '자, 이제 다른 누군가와 다시 시작하자! 내가 여기서는 얻지 못한 이상적인 사랑을 찾아서 출발!' 바로 오늘날의 파트너십이 깨지기 쉽고 잘 부서지는 이유예요. 사람들은 진실에 머무르려 하지 않아요. 진실은 무엇일까요? 바로 사랑은 발견되는 대상이 아니라는 겁니다. 이게 중요해요. 길에서 발견할 수 있는 것도 아니고, 이미 만들어져 있는 레디메이드(ready-made)도 아니에요. 사랑은 지속적인 작업이에요. 끊임없는 노동입니다. 매일 아침 당신 앞에는 사랑하기 위해 다시 창조하고, 다시 규정하고, 다시 버리고 조정해야 하는 24시간이 놓여요.

◑ 야신스카 카니아 : 매일 사랑하는 법을 배우는 거죠.

● 바우만 : 객체와 주체가 섞여 있으므로 당신은 배우는 동시에 가르치는 것입니다.

○ 몇 년 전, 남편과 큰 다툼을 했어요. 그 뒤 그는 누구인가, 참구해봤습니다. 묻고 물을수록 실체가 없더군요. 그는 과거 내 판단으로 만들어진 이미지들의 합(合)이었습니다. 제가 만든 개념이죠. 그를 제 기억과 경험, 타인에게 들은 평가 등에 가둬뒀더군요. 제가 만든 허상을 지우면, 마주할 때마다 새로운 매력으로 태어날 사람인데 말이죠. 물론 현실에서 묵은 감정을 지우는 일은 참 어렵습니다만…….

● 바우만 : 우리는 우엘벡으로 대화를 시작했어요. 당신에게 원거리 사랑을 언급했죠. 두 번째로, 사랑은 우리가 한 번 가졌다고 해서

모든 것이 이뤄지는 것이 아니라 매일 다시 창조해야 하고, 매번 다시 살려내야 하고, 죽을 때까지 만들어가야 한다는 점을 꼽았어요. 세상에 마침표를 이룬 사랑은 없어요.

세 번째, 당신과 당신의 남편 사이에 충돌이 있었습니다. 당신은 처음으로 생각하기 시작했어요. '그는 누구인가?' 만약 알렉산드라가 여기 없다면 이곳에는 당신과 나만 있을 겁니다. 하지만 이 방에 있는 사람은 우리 둘이 아니라 여섯 명이에요. 하나는 나 자신에 대한 나의 관점, 그리고 당신 자신에 대한 당신의 관점. 두 사람이죠. 그다음 당신에 대한 나의 관점, 나에 대한 당신의 관점. 네 명입니다. 또 나에 대한 당신의 사고에 관한 나의 관점과 당신에 대한 나의 사고에 관한 당신의 관점이 있어요. 이렇게 해서 이곳에는 여섯 명의 다른 사람이 있는 겁니다.

일상에서는 이렇게 이해하기가 어렵죠. 딱히 어리석어서가 아닙니다. 일반적인 인간의 조건이 그래요. 보이는 것, 들리는 것, 만지는 것으로부터 분리되어 있기 때문이죠. 우리는 상상(imagination)을 하며 상대에게 말하거든요. 또 그런 줄 알아차리지 못한 채 말합니다.

사랑은, 그리고 사랑하는 관계는 '애무'와 비교될 수 있어요. 애무는 당신의 손으로 연인을 어루만지는 거죠. 그런데 애무와 폭력의 경계는 매우 미미하고 얄팍해요. 당신은 무심코 상대를 아프게 할지도 몰라요. 상대 몸의 자연적인 곡선을 따르지 못하고 당신의 욕망을 좇다가 말이죠. 법정으로 가게 되면 이것은 당신이 생각하는 애무가 아닙니다. 판사가 사랑의 표현과 폭력적 표현을 구분하려 할 때 난처해집니다. 이는 사람들이 무시하려 들기 때문이 아니에요. 잘하려고 합니다만 두 관계 사이의 영역이 좁디좁기 때문이죠. 당신은 그를 사랑합니다.

◑ 야신스카 카니아 : 또 당신은 아이들을 사랑하죠.

○ **그럼요. 아이들에 대한 사랑이 많은 것을 품죠. (웃음)**

● 바우만 : 그 의미는 당신이 아이의 안녕을 원하고 아이가 자기 삶 속에서 평안하도록 염려한다는 거예요. 행복의 조건을 생각하며 애씁니다. 하지만 아이가 생각하는 행복의 조건은 당신과 다를지 몰라요. 그럴 때 당신의 사랑은 폭력이 될 수 있죠. 그가 바라지 않는 것을 강요하게 되니까요. 우리는 이런 상황에서 잘 분리되지 못합니다. 어떻게 벗어날 수 있을까요?

○ **두 분만의 비결이 있나요?**

● 바우만 : 글쎄요. 알렉산드라와 나는 깊이 사랑해요. 하지만 우리도 다툽니다. (웃음)

◑ 야신스카 카니아 : 항상 그래요. (웃음)

● 바우만 : 말다툼이 이어지죠.

◑ 야신스카 카니아 : 지그문트는 훌륭한 요리사입니다. 내가 글을 쓸 때면 벌써 요리를 준비해요. 나는 그 요리를 칭찬하죠. 처음에 지그문트는 폴란드식 정찬을 차렸어요. 코스별로 수프와 샐러드, 주요리, 마지막에는 디저트까지. 아주 배불리 먹었습니다. 그런데 더는 먹을 수 없을 만큼 배부른데도 자꾸 권하는 거예요. 이러다 토하지 않을까 걱정스러울 정도였어요. 내가 더는 못 먹겠다고 하면 지그문

트는 "맛이 없나 보네"라며 슬픈 표정을 지어요.

무관심과 부담 사이

○ **함께하신 지 삼 년이 넘었는데도 여전히 그러세요?**

◑ 야신스카 카니아 : 매일요. (웃음) 가끔은 그도 받아들여요. 그런데 그가 행복하지 않은 것 같으면 나도 행복하지 않거든요. 나는 살찔까 봐 걱정해서인데, 지그문트는 자기가 준비한 저녁을 거부한다고 여기는 것 같아요. 타인의 말에 귀 기울이고 상대의 의견을 말 그대로 믿는 일이 쉽지 않아요. 그래서 우리는 늘 다시 협상해야만 해요.

● 바우만 : 그렇지. 그 부분이 매우 고약하지. 늘 다시 협상해야 한다는 것.

◑ 야신스카 카니아 : 지금 7킬로그램이 불었답니다. 살쪄도 나를 좋아할까 상관하는 건 아니에요. 좋아하지 않는다 해도 괜찮고요. 그냥 내가 거북해서죠.

○ **두 분 사랑의 타협이 7킬로그램이라는 물리적인 숫자로 드러났네요.**
(웃음)

● 바우만 : 만약 당신이 배우자에게 "나는 네가 뭘 하든 상관하지 않는데 너는 왜 참견하냐. 나처럼 너도 나를 가만히 놔둬"라고 말했다고 합시다. 그가 당신의 제안을 받아들이고 상관하지 않는다면 둘 다 동등한 방식으로 삶을 만들어가고 있다고 여길 수 있어요. 하지만

이는 무관심해진다는 의미입니다. 사랑에는 반드시 새로 부과되는 요소가 있어요. 그 부담은 없어지지 않아요. 실제로 사랑을 나눈다는 것은 무관심과 부담 사이를 오가는, 지속적인 작용의 연결입니다. 여기에는 어떤 해결책도 없어요. 아마 매일 말다툼이 이어질 거예요. 어쩌면 서로 동의하는 결론에 잠시 멈출 수도 있겠죠. 부과되고 철회하는 요소들이 생겨날 거예요. 자, 그저 사랑하게 놔둡시다.

사랑이란 우리가 스스로를 위기에 놓아둠으로써 정확하게 구성되는 거라고 생각합니다. 무슨 일이 벌어질지 결코 몰라요. 그래도 사랑이라는 관계는 당신에게 고독, 외로움, 고립감을 뛰어넘도록 허락하잖아요. 사랑은 두 주체의 만남이고, '객체가 되는 시간'까지 받아들이는 조건이 따릅니다. 다들 객체가 아니라 스스로 통치하고 싶어 하는데, 그러면 사랑은 불가능해져요.

○ 내 의지를 비워낸다면 갈등이 없어질까요? 많은 잠언이 무조건적인 사랑, 또 자신을 비우고 상대를 품으라고 하잖아요.

◑ 야신스카 카니아 : 글쎄요. 어떤 수위, 그러니까 상대에게 굴복하는 일이 생기지 않는 수위까지는 되겠죠. 그런데 내가 주체성을 잃으면 상대도 잃게 돼요. 지그문트는 우리 둘이 함께 행복하도록 저녁을 준비하는 거예요. 그러므로 그는 내 의지를 이해해야 하고, 나도 그에게 내 의지를 설명해야죠.

○ 세상에서 가장 지혜로운 신혼부부와 이야기 나누는 시간 같아요. 두 분 사이가 궁금합니다.

◗ 야신스카 카니아 : 젊어서부터 서로를 알고 있었어요. 결혼은 각자 다른 사람과 했죠. 내 남편이 죽고 지그문트의 부인도 세상을 떴습니다. 지그문트는 슬픔 속에 있었죠. 나도 매우 불행하고 외로웠습니다. 내 전남편도 매우 좋은 사람이었거든요. 남편이 가고 사 년 동안 우울하게 지내다가 갑자기 깨달았습니다. '나는 자유로운 사람이다. 내 발로 다시 일어설 수 있다.' 그리고 지그문트와 재회했죠. 그러자 갑자기 온 세상이.

● 바우만 : (끼어들며 외침) 케미스트리! 화학반응이 나온 거죠. (모두 웃음)

◗ 야신스카 카니아 : 지그문트는 영국에, 나는 바르샤바에 살았어요. 우리는 컨퍼런스에서 만나거나 이메일로 마음을 주고받았어요. 우리도 장거리 사랑을 했습니다. 나는 대학에서 가르치는 삶에 만족했어요. 혼자서 글 쓰면서 살아갈 수 있겠다 싶었죠. 하지만 지그문트에게 깊이 끌렸기 때문에 결정을 내렸습니다. 함께 살기로. 사랑은 정신으로 나누는 것뿐 아니라 때때로 떨어져 있는 거리를 깨야만 해요. 홀로 있으면서 상대를 상상하는 것, 또 사랑하는 나를 상상 속에 그려내는 것이 편할지라도, 그러면 바른 시각을 잃을 수 있거든요. 함께 사는 사랑은 고통스럽지만 분명 아름다운 경험이에요.

● 바우만 : "늑대를 두려워하면 절대 숲에 가지 못한다." 러시아 속담이에요. 만약 당신이 사랑의 복잡성을 두려워한다면 절대 사랑에 빠질 수 없는 거죠. 당신이 사랑을 한다면 늑대 소굴까지 가게 됩니다. 그 소굴에는 아름다운 숲이 펼쳐져 있어요. 결국 당신의 선택이에요.

새로운 사랑의 공식

○ 늑대 때문에 실망스러운데요. 더 잘 맞는 상대를 선택한다면 골 깊은 갈등이나 헤어지는 아픔을 겪지 않을 수 있을까요? 이별하고 새로운 관계를 시작하는 사람들에게 조언할 사랑의 공식이 있다면요?

● 바우만 : 그런 기대는 '새로운 시작의 이데올로기', 즉 소비사회에서 반복되는 이데올로기일 뿐입니다. 당신은 상점에 가서 물건을 골라 집으로 가져와요. 하지만 행복은 가져오지 못합니다. 기대가 충족되지 않죠. 그러면 어떻게 하나요? 또 상점에 갑니다. 만약 거기서 의지를 갖고 있는 누군가를 발견했는데 그가 당신이 좋아하지 않는 뭔가를 한다면 당신은 돌아서서 다른 파트너를 찾겠죠. 70억 인구가 사는 세상을 둘러봅니다. 그래요, 참으로 선택지가 넓은 상점이에요.

내 경험으로 보면, 문제를 피해 다니면 많은 행복을 만날 수는 없더군요. 행복은 문제를 풀어가는 과정 안에 있어요. 갈등이 있더라도 상대방이 없는 재난보다는 낫다는 결론에 도달하면 좋든 싫든 그와 함께할 겁니다. 그러기 위해서는 엄청난 노력, 수많은 항복, 무수한 타협이 필요하고 꽤 많은 요구를 내려놓아야만 하죠. 마법봉을 흔들며 "힘겨운 모든 것이여, 사라져라!" 주문을 욀 수는 있지만, 이는 진실이 아니에요. 인생은 편하지 않습니다. 현대의 이데올로기, 현대의 슬로건은 '세상은 매우 불편하고, 사람이 살기에 적합하지 않으니 우리는 뭐든 편안하고 편리하게 만들어낼 것이다'라고 합니다. 이는 신화예요. 설화, 거짓 술책이죠. 관념주의자들의 재잘거림.

○ 청년들은 스스로 '삼포 세대'라고 합니다. 직장을 잡기 어렵고 비정규직 일자리가 많으므로 연애도 결혼도 자녀도 포기하게 되는 거죠. 불안한 시절이라 스펙 쌓기에 더 열중합니다.

◑ 야신스카 카니아 : 지그문트에게도 이삼십 대 손자들이 있어요. 그들도 같은 어려움을 겪어요. 직장을 구하기 어려우니 결혼을 하지 못해요. 젊은 세대들은 부모 세대의 경험을 이해하려 하기보다 거부합니다. 그러면서도 부모 세대가 누리는 것과 같은 수위의 안전을 바라죠. 그들은 누구에게 대항해야 하는지를 몰라요. 하지만 찾아야 합니다. 목표를 발견하고, 부모 세대의 경험을 반복하는 것이 아니라 이치에 맞는 새로운 대항을 해야 하는 겁니다.

● 바우만 : 우리는 개인화된 사회에 살고 있어요. 문제는 사회에서 만들어졌지만 살길은 각자가 알아서 찾아야 하는 시대죠. 개인들에게 함께 싸워야 한다고 설득하기가 어렵습니다.

○ **지독한 경쟁이 만들어놓은 덫에 걸렸습니다.**

● 바우만 : 모두를 위한 하나의 공식을 발견하기란 어렵습니다. 누군가가 어떤 일반적인 규칙에 복종해야 한다고 강요하면 우리는 행복하지 않을 거예요. 우리에게는 개별성이 필요해요. 그리고 자유로움을 주는 기회가 있어야 합니다. 우리는 어떤 안내도 없는 자유를 원해요. 물론 그로 인해 삶이 매우 어려워질지 모릅니다. 그렇다면 자유 없는 안내는 어떨까요? 인생이 훨씬 더 어려워질 겁니다. 그래요, 삶은 매우 복잡합니다.

프랑크푸르트학파의 위대한 철학자 테오도르 아도르노는 아주 지혜로운 사람입니다. 그가 사회과학자에게 경고했어요. 욕망을 세상에 통용되도록 논리화하지 말라고요. 우리는 늘 논리를 갖추려고 하죠.

○ 상황이 복잡하고 당혹스러울 때 권위 있는 누군가가 한 줄로 정리해주면 편안해집니다. 하나의 도그마를 믿고 그에 따라 주변의 가치를 구분하는 이분법적인 사고에 익숙해지죠.

● 바우만 : 논리를 갖추고자 하는 자세는 축복인 한편 저주예요. 왜냐하면 논리가 없는 것에서도 논리를 찾거든요. 아도르노는 욕망을 현실에 있는 상태보다 합리적으로 논리화하는 것에 반대했습니다. 알렉산드라가 사랑 속에 있는 모순을 아름답게 묘사했죠?

○ 주체와 객체가 혼재되어 있기에 일어날 수밖에 없는 모순요.

● 바우만 : 욕망은 비이성적이며 비논리적이에요. 논리가 없다는 논리를 갖고 있죠. 다툼에는 아무런 이유가 없어야 합니다. 개인적인 생각이 있지만, 사실 나는 내 사고가 퍼지는 것을 바라지 않아요. (그럼에도 불구하고 꺼내보자면) 삶을 흥미롭게 만드는 것은 바로 카오스, 혼돈입니다. 혼돈이 없다면 삶은 가치를 갖지 못합니다. 지독히 지루할 거예요. 혼돈 속에서 우리는 스스로를 만들어가야 합니다. 당신만의 의미를 창조하세요. 혼돈과 갈등은 당신을 기다려주지 않습니다.

○ 우리는 관계 속에서 복병처럼 나타나는 상대의 저항에 대해 늘 이유를 물어가며 다그칩니다. 변덕쟁이라며 서로 몰아붙이고, 때로는 이해할 수 없

다며 돌아서죠. '혼돈 속에서 자신만의 의미를 창조하자.' 우리에게 주는 메시지인가요?

● 바우만 : 나는 카운슬러가 아닙니다. (미소) 갈등은 늘 옆에 버티고 있다가 항상 다른 형태로 찾아와요. 인류의 역사는 연속과 단절이 벌이는 상호작용입니다. 갈등은 이 둘과 함께합니다. 정해진 규정의 반복을 깨는 일 없이는 우리는 실제로 무엇인가를 해낼 수 없습니다. 인류를 위해 우리는 잊힌 것, 버려진 것을 일깨우고, 창조와 발명 같은 새로운 삶의 형식이라는 단절을 만들어내야 해요.

갈등과 혼돈 속에 살아갈 수밖에 없는 것이 인생이라고 한다. 세상은 계속 변하므로, 미래를 알지 못하므로 인간은 흔들릴 수밖에 없다. 그래서 사랑만큼은 달콤한 위로가 되어주길 바라는지도 모른다. "어떻게 사랑이 변하니?" 울부짖을 만하다.

사랑은 변한다. 사랑을 지키기 위해서라도 사랑은 변해야 한다. 때로는 의리라는 버팀목만을 쥐고 건너가더라도. 사랑하는 주체를 둘러싼 조건은 계속 변하는데 사랑만 묶여 있다면, 결국 관계는 강을 건너고 말 것이다. 시작할 때의 사랑이 서로의 가치에 대한 발견과 응원으로 싹텄다면, 설렘 위에 세워진 가정은 신뢰와 의리라는 사랑의 다른 색으로 진화해야 한다.

바우만과 야신스카 카니아가 전하는 삶의 진실은 썩 내키지는 않더라도 곱씹어 우리의 주체성을 다짐하게 한다. 매일 우리가 맞는 아침은 사랑을 위해 다시 창조하고, 다시 규정하고, 다시 버리고 조정해야 하는 24시간으로 찾아온다는 쓰라린 사실 말이다.

　사랑뿐이겠는가. 모든 관계는 살아 움직이는 생명체와 같다. 관계의 범위가 확장될수록 더 많이 부과되고 더 많이 내려놓아야 할 것들과 맞닥뜨릴 수밖에 없다. 버겁겠지만, 기쁨 또한 그 안에 있기에 심호흡을 해본다. 위기를 두려워하지 않는 용기와 다시 창조하고 조정해내려는 노력은 연애의 기술뿐 아니라 삶의 기술, 함께 사는 세상을 만드는 기술이다.

지그문트 바우만

(Zygmunt Bauman, 1925~2017년)

　사회학자. 폴란드 유대계 가정에서 태어났고, 제2차 세계대전 당시 소련군이 지휘하는 폴란드 의용군에 가담했다. 1954년부터 바르샤바 대학교 교수로 재직하다가 1968년 공산당이 주도하는 반유대 캠페인으로 국적을 박탈당하고 이스라엘로 간다. 텔아비브 대학교에서 가르치다가 시온주의의 공격성과 팔레스타인의 참상에 절망하고 영국으로 이주, 1971년부터 리즈 대학교에 재직했다. 1992년 사회학 및 사회과학 부문 유럽 아말피 상을, 1998년 아도르노 상을 받았다. 2010년에는 "현재 유럽의 사상을 대표하는 최고봉"이라는 찬사를 받으며 아스투리아스 상을 받았다. 1989년 『현대성과 홀로코스트(Modernity and The Holocaust)』를 출간해 세계적인 명성을 얻었고, 2000년대에는 현대 사회의 유동성(액체성)과 인간의 조건을 분석한 '유동하는 근대(Liquid Modernity)' 시리즈로 폭넓게 주목받았다.

알렉산드라 야신스카 카니아

(Aleksandra Jasińska-Kania, 1932년~)

　사회학자. 1956년부터 바르샤바 대학교 교수로 재직했고 스톡홀름 대학교, 스탠퍼드 대학교, 인디애나 주립대학교 등에서 연구를 이끌었다. 저서로는 『현대 서구 사회학 사고: 사회학적 이론 구성』(1975년), 『현대 사회학적 이론』(2006년) 등이 있다. 제2차 세계대전 후 선출된 초대 폴란드 대통령 볼레스와프 비에루트의 딸이다.

Interview Date 2015. 01. 19
Interview Place 영국 리즈 자택
Photo Credit 안선영, 안희경

07
**여성과
공존**

여성의
마음으로

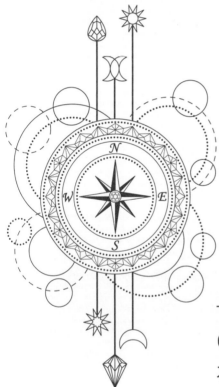

이사벨 아옌데
작가

달라이 라마는 2013년 노벨평화상 수상자들과 평화 활동 리더들이 참석한 세계평화정상회담에서 다음의 한 문장으로 자신의 소망을 밝혔다.

"다시 한번 생을 살 수 있다면 저는 여성으로 태어나길 기원합니다."

세상에서 억압과 원망을 줄이기 위한 최선의 길이 수십만 년 인류의 생명을 이어온 여성의 본성에 있다는 것이 그의 오랜 수행 속 결론이다.

달라이 라마뿐 아니라 많은 지성들이 반복해서 말한다. 어머니 없이 태어난 생명은 없으므로 여성의 마음은 생물학적인 남성과 여성을 떠나 모든 이의 바탕을 이룬다고. 무엇이 여성의 마음이고, 무엇이 모성의 본질일까?

치타보다 느리고 호랑이보다 약한 근육, 늑대보다 무딘 치아로 거대 사회를 이뤄온 연약한 인간의 마음이 가진 힘을 살펴보기 위해 칠레 출신의 저널리스트이며 현대 문학의 거장인 이사벨 아옌데를 만났다. 그는 남아메리카 최초로 민주적 선거를 통해 집권한 사회주의 정당의 대통령 살바도르 아옌데의 조카이자 동지다.

1973년 칠레에서는 제국주의 시대 이후 지속적으로 수탈당해온 서민들이 선거를 통한 혁명을 일으켰다. 그들이 오랜 시간 후원하고 조직해온 풀뿌리 기반의 정당이 정권을 잡은 것이다. 하지만 살바도르 아옌데 정권은 미처 과거를 청산하지도, 새 틀을 짜지도 못한 채 좌절되고 만다. 삼 년을 채우지 못했다. 미국의 후원을 등에 업고 쿠데타를 일으킨 피노체트 장군은 살바도르 아옌데를 살해하고 주요 활동가들도 몰살했다. 이후 십칠 년에 걸쳐 독재 정권의 철권통치가 이어졌다. 3천 명이 넘는 민주 인사가 학살당했다.

이사벨 아옌데는 저널리스트로서 저항하는 시민의 삶을 기록했다. 한 가문을 중심에 둔 서사로 식민 치하부터 남아메리카를 옥죄어온 억압의 굴레와 인간의 심리를 밀도 있게 그려냈다. 대하소설이라는 형식을 빌려 아옌데 정권이 탄생한 격동의 시기와 다시 들어선 군부 독재 정권의 피 냄새 진동하는 시기까지의 역사를 서술했다. 가난한 이들이 길들여진 패배 의식을 뚫고 스스로 권력을 만들어온 역사의 비밀을 파헤쳤다. 위태로운 시간 속에서도 느리지만 반복적으로 요동쳐온 인간의 함께 살고자 하는 마음을 문학으로 풀어냈다.

대문호이자 인권 활동가인 이사벨 아옌데와의 인터뷰는 샌프란시스코 북부 소살리토에 있는 '이사벨 아옌데 재단'에서 이뤄졌다. 바닷바람이 낮게 가라앉던 서늘한 아침이었다. 그때 한국은 박근혜 정부의 적폐 속에서도 어떤 소리도 내기를 머뭇거리던, 자기 검열에 주눅 든 개인들의 시간이었다.

나는 개집(수용소)에 있었을 때 언젠가는 가르시아 대령을 내 앞에 무릎 꿇리고, 당연히 복수받아 마땅한 사람들 모두에게 복수하겠다는 마음으로 글을 썼다. 그렇지만 이제는 그런 증오심마저 사라졌다. (…) 그 어느 것도 우발적으로 일어난 일은 없었다. (…) 외할아버지가 강가의 갈대밭에서 그의 할머니인 판차 가르시아를 넘어뜨렸을 때 또 다른 업의 고리가 연결된 것이었다. 그 후 강간당한 여자의 손자는 강간한 남자의 손녀에게 똑같은 짓을 되풀이했고, 아마도 사십 년 쯤 후에는 내 손자가 가르시아의 손녀딸을 갈대밭 사이로 넘어뜨리고, 또 다른 고통과 피와 사랑의 역사가 앞으로도 몇 세기 동안 계속될지도 모르는 일이다. (…) 이제는 복수받아 마땅한 사람들 모두에게 복수하기도 어려울 것 같다. 내 임무는 살아남는 것이고, 내 사명은 두고두고 증오를 연장시키는 것이 아니라 이 원고를 채우는 것이라고 생각하고 싶다. (…) 지금 내 배 안에 들어 있는 아이를 기다릴 것이다. 그토록 많은 강간을 당하면서 생긴 아이일 수도 있고, 아니면 미겔의 아이일 수도 있지만, 내 딸인 것만은 틀림없다.
—이사벨 아옌데 『영혼의 집』(권미선 옮김, 민음사) 중에서

모성의 힘

○ 당신의 소설 『영혼의 집』의 마지막을 잊을 수가 없습니다. 수용소에

끌려갔던 여대생은 임신한 채 돌아옵니다. 그녀를 고문하고 강간한 군인들의 아이일 수도 있고, 반독재 운동을 하는 연인의 아이일 수도 있지만, 그녀는 아이의 아비는 중요하지 않다고 했습니다. 자신의 아이라는 그 사실 하나면 충분하다고요. 강렬하면서도 인간의 한계를 뛰어넘는 엄청난 지혜라고 느꼈어요. 계산해보니 그 작품을 쓸 당시 당신은 겨우 서른예닐곱이었습니다.

● 그때 나는 칠레에 있었어요. 아옌데 정권이 들어선 다음 삼 년 동안의 활기, 또 미군을 등에 업고 일어난 쿠데타의 폭압을 다 목격했습니다. 수많은 사람들을 찾아가 증언을 기록했습니다. 무수한 젊은이가 밤이면 끌려가 사라졌어요. 억압이 자행됐고, 고문이 일상이었습니다. 많이들 죽고 망명길에 올랐죠. 나도 떠나야 했습니다. 『영혼의 집』은 망명지 베네수엘라에서 썼어요. 시간적 거리, 지리적 거리를 두고 억압의 사슬을 바라볼 수 있었습니다. 당신이 말한 젊은 임신부의 다짐은 폭력의 반복을 끊어야겠다고 자각한 시민의 의지입니다. 잊을 수도 없지만, 결코 잊지 않겠다는 다짐과 함께 용서할 수 있다는 가능성을 의미하죠. 폭력의 순환을 끊어내는 일은 잊을 수는 없지만 용서할 수는 있다는 그 지점에서 일어납니다.

○ 여성의 힘인가요?

● 사랑의 힘이라고 생각합니다. 특히 어머니의 사랑이죠. 고통받은 사람들은 결코 잊지 못할 거예요. 일부는 절대로 용서하지도 않을 거고요. 그러나 삶은 앞으로 나아가야 합니다. 지금 칠레 대통령인 미첼 바첼레트는 쿠데타가 벌어졌을 당시 열다섯 살이었어요. 그의

아버지는 장군이었지만 피노체트에게 저항했죠. 쿠데타의 주역들이 미첼의 아버지를 고문하고 죽였습니다. 소녀였던 그도 어머니와 함께 수용소로 끌려가 모진 고문을 당했고요. 그리고 독일로 망명했습니다. 하지만 미첼은 칠레 대통령으로 우리 곁에 서 있습니다. 그녀는 결코 과거를 이야기하지 않아요. 이렇게 말하더군요.

"사람들에게 용서를 요청할 수는 없습니다. 이는 매우 개인적인 결정이니까요. 하지만 한 나라의 대통령으로서 저는 미래를 향해 나아갈 것입니다. 우리, 과거에 묶여 있지는 맙시다."

한 나라의 수반이라면 자신을 지지하는 세력뿐 아니라 전체 국민을 보살펴야 하죠. 개인의 포한에 발이 묶여서 국민을 편 가르고 싸우게 해서는 안 됩니다. 미첼은 한 번도 자신의 가족에게 일어난 일을 문제 삼지 않았습니다. 매우 용감한 결단이라고 생각해요. 그 너그러움이 곧 용기죠.

○ 과거를 잊고 국가의 성장으로 나아가고자 할 때 수구 세력에 면죄부를 주는 결과를 만들어내기도 합니다. 경제 성장은 이룰지 몰라도 야만의 시간을 정리하지 못한 후유증은 사회 통합력을 약화시키고 국가의 신뢰를 갉아먹기도 하죠.

● 성장하자면서 왜 잊으라고 합니까? 둘 다 함께할 수 있어요. 과거를 늘 생생하게 간직해야만 실수를 반복하지 않으니까요. 그래야 성장도 가능합니다. 이 둘은 모순되지 않아요.

우리는 각자 삶이 있어요. 어떤 일이 벌어졌든지 삶을 살아나가야 하죠. 내 소설 속 여인은 아버지가 누구든 상관없이 아이를 돌볼 거예요. 우리에게 어떤 일이 주어지더라도 앞으로 나아가겠다는 의지를 대표합니다. 그 아이는 미래예요. 모든 폭력, 모든 끔찍함으로부터 생산됐지만 어머니는 아이에게 모든 사랑을 줄 수 있습니다.

○ 반복을 끊는 힘. 반동의 관성을 차단하는 힘은 용서라는 '흡수하는 힘'이라는 데 동의합니다. 하지만 현실 세계에서는 참 어려운 일이죠. 지그문트 바우만은 인간의 역사를 '추의 운동'이라고 말했습니다. 젊어서는 진보를 직선의 운동으로 여겼는데, 나이 들어 돌아보니 계속 후퇴를 반복하는 추의 운동이더라고요. 그 말을 듣고 매우 낙담했습니다. 그럼에도 역사는 나선형으로 발전해간다고 여겼거든요.

● 나 또한 나선형이라 생각해요. 그런데 그 나선형 안에 추의 운동 같은 반복적인 현상이 나타나요. 항상 후퇴하곤 하죠. 그리고 무엇인가를 배우게 됩니다. 우리가 더 주의하지 않으면 과거의 실수투성이 상태로 돌아가게 됩니다. 역사를 보세요. 칠레는 중남미에서 첫 사회주의 정권인 살바도르 아옌데를 등장시켰습니다. 그다음에는 바로 현대사에서 가장 잔혹한 독재 정권이 쳐들어왔죠. 정치적인 정당 활동을 전면 금지했고, 언론의 자유도 틀어막았습니다. 그러나 사람들은 스스로를 조직해냈습니다. 끊임없이 피노체트를 압박했어요. 결국 그는 선거를 해야 했고, 실각했습니다. 지금은 민주 정권이 들어섰죠. 사회민주주의 대통령이 당선되면서 중간 계급이 권력을 갖게 됐어요. 사람들이 변화를 이뤄낸 겁니다. 그렇게 역사는 물러났다가 앞으로 나아갑니다.

○ 한국인도 독재 정권 치하를 지냈고, 변화를 이뤄냈습니다. 1980년대 말, 1990년대 초에 한국 사람들이 만든 변화의 힘이 남미의 변화를 추동하는 동기가 되었다고 놈 촘스키는 말하더군요. 하지만 신자유주의 물결이 거세어졌고, 투쟁으로 일궈낸 노동자의 권리는 대량 해고에 위태로워졌으며, 마지못해 파업이라도 하면 소송이 밀려들어 삶의 뿌리가 뽑히게 됐습니다. 공공의 영역은 더 광범위하게 사유화되고 서민도 누릴 수 있었던 편리와 안전망은 금이 가고 말았어요.

● 칠레도 같은 길을 걸었습니다. 미첼 바첼레트 통치 이후 정반대의 정권이 들어섰어요. 미첼이 퇴임할 당시 지지율이 81퍼센트였는데도 시민들은 보수를 대변하는 후보를 대통령으로 뽑았습니다. 나도 의아했죠. 그다음 상황은 또 뒤바뀌었어요. 미첼이 다시 대통령에 선출됐습니다. 사람들은 자신의 경험을 잊지 않고 기억했던 것입니다. 물론 미첼이 통치하는 지금도 칠레에는 문제가 많아요. 바첼레트 정부 혼자서 해결할 수 없는 문제들입니다. 전 세계적인 경제 압박이 칠레에도 영향을 주니까요. 그러므로 우리는 먹고사는 문제에만 매달릴 수 없는 것입니다. 지도자에 대한 책임은 그 지도자에게 권력을 준 국민에게 있습니다.

'작은 사람'의 큰 이야기

○ 당신의 소설 속 주인공들은 다들 가난하고 대를 이어서까지 지지리 고생을 합니다.

● 나는 작은 사람들의 이야기에 관심이 있어요. 그것이 작가의 역할이라고 생각해요. 공식적인 역사는 항상 승자에 의해, 백인 남성에 의해 기록됐고, 그들은 항상 영웅으로 나와요. 나머지 사람들, 즉 여성, 아이, 패자, 원주민의 목소리는 없습니다. 그들의 목소리에 귀 기울이는 일이 생의 다른 면을 구해내기 위한 내 역할이라고 생각합니다. 나는 역사책만 뒤지지 않아요. 직접 후손을 찾아가 조사합니다. 200년 전 아이티에서 벌어진 노예 반란을 다룬 역사소설 『바다 밑 섬(Island Beneath the Sea)』을 쓸 때 당대 사람들이 주고받은 편지를 훑었어요. 사 년 동안 긁어모았습니다. 거기에는 세세한 일상이 살아 있었어요. 인간의 삶은 언제 어디서나 같았습니다. 내 책이 베트남, 캄보디아, 핀란드 등 35개국의 언어로 번역됐는데, 이는 모든 사람이 이야기로 연결될 수 있다는 것을 보여주죠. 인간의 조건은 어디서나 같으니까요.

○ '작은 사람'이라고 표현한 약자의 이야기를 쓰도록 안내한 특별한 순간이 있었나요?

● 아직도 꿈에서 한 아이를 봅니다. 오마이라 산체스라는 소녀죠. 나를 북돋워주고 항상 옆에서 살아 숨 쉬는 아이입니다. 콜롬비아에 큰 지진이 났을 때 산사태가 일어났어요. 마을이 흙더미 속에 묻혔고, 열세 살의 어린 소녀가 나뭇가지에 두 팔을 걸고는 가라앉지 않으려 버티고 있었습니다. 진흙이 계속 밀려들어 오마이라의 가슴을 옥죄어왔어요. 헬리콥터에서 찍은 텔레비전 카메라에 오마이라가 잡혔습니다. 아이는 그렇게 사흘을 버텼어요. 나도 사흘 내내 텔레비

전 앞에 붙어 있었고요. 안타깝게도 오마이라는 죽었습니다. 하지만 아이의 모습은 평생 내 가슴에 머물 거예요. 언제나 내 글 속에서 살아날 것입니다. 물론 매번 다른 이야기로 풀어지겠지만요.

○ 한국에서도 비슷한 사고가 있었습니다. 수학여행을 가는 아이들이 탄 배가 바다에 가라앉았죠. 정부는 무능했고, 최선을 다하지 않았습니다. 아이들이 죽어가는 순간을 바라보면서 사람들은 슈퍼맨이라도 나타나기를 애원하며 발을 구르고 가슴을 태웠죠. 그 후 온 나라가 기막힘과 치욕으로 가라앉았습니다. 진상 규명을 바라는 희생자 가족과 생존자들은 억압받았고, 시민의 목소리는 갈라졌어요. 그중 안전을 요구하는 시민은 사회 불만 세력으로 취급받았습니다. 과연 개인에게 어떤 힘이 있나요?

● 숫자입니다. 충분히 많은 사람들. 생각이 같은 사람들이 많이 모였을 때 세상에는 결정적인 변화가 일어납니다.

앞서 말한 『바다 밑 섬』에서 아이티 노예들은 식민 치하의 나라를 해방시켰습니다. 200년 전 아이티에는 2만 5,000명의 플랜테이션 농장 주인과 프랑스계 백인 식민 지배자, 150만 명의 아프리카 노예가 있었어요. 절대다수인 노예들이 마침내 일어나 저항했습니다. 그로써 노예제는 역사 속으로 사라졌죠. 소비에트 혁명이 일어났을 때 러시아는 어떠했나요? 이제 지긋지긋하니 바꾸자고 요구하는 사람들이 충분히 많았습니다. 1960년대 미국의 시민권 운동은 어떻습니까? 1860년대 노예제가 폐지되고 한 세기가 지났는데도 흑인은 버스에서 제대로 앉지도 못하고, 백인이 다니는 출입구를 이용할 수 없었어요. 헌법에 시민권을 명시한 것은 수백만 시민이 거리로 뛰쳐나와서야 이뤄졌습니다.

지금 미국은 어떨까요? 사람들이 한눈팔지 못하도록 경쟁을 부추기는 시스템으로 작동합니다. 하지만 여기서도 변화는 일어날 거예요. 충분한 사람들이 그 시스템에 문제를 제기하고 변화를 요구하면 바꿀 수 있습니다. 언제가 될지는 모르지만 과거보다는 더 빠르지 않을까요? 즉각적인 소통이 이뤄지는 세상이잖아요. 십 년 후 어떤 일이 일어날지 누가 알겠어요. 충분한 숫자가 일어난다면 아주 대단한 힘을 발휘할 것입니다.*

여성의 힘으로 구하라

○ 고갈되는 자원, 위협받는 평화, 생태계의 교란, 기후 변화 등 문명의 위기를 우려하는 목소리가 높습니다. 당신은 우리 사회를 지속 가능하게 하는 효율적인 길이 여성성의 강화라고 주장하는데요.

● 맞아요, 여성성에 답이 있습니다. 나는 여성과 소녀들의 자립을 지원하는 작은 재단을 운영하고 있어요. 연약한 자들의 권한을 강화하고 싶습니다. 재단에서 하는 일 중에 '라 코치나(La Cocina)'로 불리

---

* 이사벨 아옌데와 인터뷰를 하고 나서 일 년 팔 개월 뒤, 2016년 12월 9일에 박근혜 전 대통령이 국회에서 탄핵됐다. 그리고 나는 그 이틀 뒤에 페미니스트 작가 리베카 솔닛과의 인터뷰 시간을 가졌다. 그날은 도널드 트럼프가 공식적으로 미국 대통령임이 선언된 날이었다. 트럼프를 저지하기 위해 열성을 다했던 솔닛이 나를 보자 물었다. "어떻게 대통령을 탄핵했죠?" 내가 대답했다. "한 공간에 180만 명이 뜨겁게 모여 차가운 이성으로 명령한다면……" 바로 이사벨 아옌데가 말한, 그 충분한 개인들이 모였던 장엄함을 전한 순간이었다.

는 일이 있어요. '코치나'는 스페인어로 부엌을 뜻해요. 부엌에서 만든 요리를 먹고 식구들은 힘을 얻어 삶을 지탱해나갑니다. 아이들은 요리하는 엄마 주변을 맴돌며 자라고요. 바로 그 부엌을, 사회에서 우리 권한을 강화하는 도구로 삼았습니다.

중남미와 멕시코에서 온 여성들이 라 코치나에서 고향 음식을 만듭니다. 그들은 대부분 불법 체류자여서 일자리를 구하기가 매우 어렵습니다. 여성이라 더 암담하죠. 비자뿐 아니라 기술도 없으니까요. 도시에서 돈이 없다는 것은 곧 굶주림을 뜻합니다. 우리는 한 건물의 부엌을 임대해서 그들이 요리할 수 있도록 했고, 그 요리를 다른 식당이나 급식소에 공급했습니다. 그 결과 이 년 만에 90퍼센트의 여성이 자립했어요. 또 십 대 미혼모, 홈리스 여성이 거리에서 마약을 하는 대신 안전한 공간에서 아이를 키우며 일할 수 있게 됐고요. 이는 한 가정을 자립시킴으로써 사회의 미래를 바꾸는 일입니다.

인류의 51퍼센트는 여성입니다. 더 많은 소녀가 교육받고 존중받을 때 세상은 더욱 건강해질 거예요. 여성도 남성과 같은 기회, 같은 자원을 누리고 싶어 합니다. 이는 남성에게 대항하는 전쟁이 아니에요. 가부장적 질서를 모계사회로 바꾸자는 것도 아니고요. 그저 다 같이 권력을 공유하자는 것입니다.

○ **왜 여성이죠?**

● 우리가 원하는 것은 남성처럼 행동하지 않는 여성입니다. 가부장제 사고를 갖고 군림하려 드는 남성 같은 여성이 아닙니다. 역사 속에서 돌봄을 담당해온 여성의 가치로 세상을 경영하도록 협력하

는 여성이어야 합니다. 세상의 엄마들은 척박한 상황에서도 자기보다 아이를 돌보고자 애써왔어요. 모든 사람은 사랑하고 싶어 하고, 존중과 감사의 마음이 담긴 대접을 받고 싶어 합니다. 자기 의견을 펼치며 살고 싶어 합니다. 이것이 인간의 열망입니다. 나는 여성으로부터 세상의 변화를 시작하면 효과적이라고 생각해요.

인도에서 소액 대출을 해줄 때 여성의 자립을 지원하면 그 파급력이 급속도로 번지는 것을 눈으로 확인할 수 있었습니다. 아주 비참하게 사는 마을이 있었어요. 마을 사람 모두 굶주림에 허덕였죠. 한 어머니에게 50달러를 대출해줬습니다. 그녀는 그 돈으로 염소 두 마리를 샀고, 아이들에게 우유를 먹였으며, 염소 새끼가 태어나면 내다 팔아 돈을 마련했습니다. 일 년 안에 극심한 가난에서 벗어날 수 있었어요. 대출금도 갚았고요. 그다음에는 다섯 명의 여성을 모아 더 큰 돈을 공동으로 대출받았습니다. 그들은 재봉틀을 사서 셔츠와 바지를 만들어 팔았어요. 머잖아 여섯 가족이 자립했죠. 그러면서 마을 전체가 성장하기 시작했습니다.

국외 지원 사업을 하는 단체들이 조사한 결과에 따르면, 여성에게 지원한 1달러와 남성에게 지원한 20달러의 효과가 같다고 합니다. 남성은 대출금으로 자신의 위상을 높이는 시계나 자전거 같은 것들을 먼저 구입했어요.

○ 가부장제 사회에서 남성들은 수컷 경쟁을 하며 서열을 중시해왔으니까요. 시계를 차고 자전거를 소유하면 남보다 갖춘 셈이 되고, 본인이 우러러보이면 자연히 가족 전체의 지위가 올라간다고 여기니까 그런 소비를 하

이사벨 아옌데

는 경향이 짙은 듯합니다.

● 그러니까 남과 경쟁하기보다는 가족 공동체의 생존을 먼저 염려하는 여성의 자립을 돕는 것이 우리가 세상에서 만들 수 있는 가장 큰 투자입니다. 내가 여성의 자립을 지원하는 데 매달리는 이유예요.

○ **진정한 낙수 효과네요.**

● 낙수 효과가 아닙니다. 낙수 효과는 실리콘밸리의 억만장자들이 하는 소리인데 다 거짓말이에요. 부자들의 이익을 위한 거짓 선전입니다. 터무니없이 많은 이윤을 챙기는 재산가들이 죄의식을 덜어 보려고 하는 소리예요. 낙수 효과가 있으니까 다른 사람한테도 이득이 조금은 돌아간다고 자기 위안으로 삼으려는 말입니다. 우리가 하는 일은 나머지를 나누는 것이 아니라 전부를 나누는 것입니다.

○ **평범한 사람들이 만든 세상의 변화에 관해 글을 쓰고 사회 활동에 몰두하도록 당신을 자극하는 동력은 무엇입니까?**

● 나는 수많은 여성에게서 영감을 받아요. 모두 평범한 여성이에요. 그중 특별히 한 사람만 꼽자면 올가 머레이를 소개하고 싶습니다. 올가는 네팔에서 일하는 90세의 미국인 활동가예요. 60세에 처음 네팔로 관광하러 갔다가 넘어져서 뼈가 부러지는 바람에 셰르파의 등에 업혀 마을로 내려와야 했죠. 마을에서 며칠 묵는 동안 마을 잔치가 열렸고, 카트만두에서 버스가 왔다고 합니다. 마을 소녀들을 실어 가려고요. 채 열 살이 안 된 어린 소녀들이 팔려 갔습니다. 아버

지들이 딸을 팔았고, 중개인이 도시의 가정부로 넘겼어요. 아이들은 개처럼 취급받으며 현관에서 자거나 남은 음식을 먹고, 의료 지원도 못 받고, 학교에도 못 가고, 강간과 폭력에 시달립니다. 사회에서는 보이지 않는 투명 인간이 된 거죠.

그 후 올가는 재산을 털어 가능한 한 많은 소녀를 샀어요. 소녀 한 명에 50달러였어요. 돼지 한 마리와 값이 같았죠. 그런 다음 소녀들을 집으로 돌려보냈습니다. 하지만 아버지들이 다시 딸을 내다 팔았어요. 왜냐하면 여자아이는 가치가 없었기 때문이죠. 올가는 네팔청소년재단을 만들어 가정에 돼지를 사주는 대신 소녀들을 데려와 열여덟 살까지 돌봤습니다. 이십오 년 동안 1만 2,000명을 구했어요. 모두 교육시켰고, 몇몇은 대학에도 진학했습니다.

올가는 네팔의 문화를 바꿨어요. 이제 소녀들을 거래하는 일은 불법으로 엄중한 처벌을 받습니다. 물론 중개인들은 여전히 활동하지만 아주 은밀하게 움직이죠. 아버지들도 딸을 파는 일을 창피하게 여기고요. 도시 사람들도 소녀들의 노동력을 착취하는 것을 부끄럽게 생각해요. 올가는 운동화 끈을 동여매고 가장 기본적인 것부터 바꿔 낸 거죠. 나도 그녀처럼 되고 싶어요.

○ 당신은 모든 변화가 사람의 마음에서 비롯한다고 생각하시나요?

● 물론입니다. 그것을 창조하는 게 우리가 하는 일이죠. 비록 우리가 지구를 창조하지는 않았지만 사회는 바꿔왔어요. 사회는 사람들이 함께하는 곳입니다. 충분히 많은 사람들이 함께한 생각이 사회를 바꿀 수 있었습니다.

이사벨 아옌데를 만나기 전에 준비한 질문은 열정에 관한 것이었다. 그가 강연을 통해 자주 이야기한 메시지였기 때문이다. 하지만 묻지 않았다. 인터뷰 내내 그가 온몸으로 열정을 발산했기 때문이다. 아옌데가 소설에 썼듯 세상은 용서를 통해 진전하지만, 결국 진전의 마음을 일으키는 추진력은 열정일 것이다. 더불어 살고자 하는 사랑 속에서 열정은 분출하고, 열정은 용서라는 거대한 기회를 만드는 바탕을 이룬다. 그 바탕에서 희망이 자란다. 아옌데와의 만남에서 그 실루엣을 보았다.

이사벨 아옌데

(Isabel Allende, 1942년~)

칠레 출신의 작가. 어려서 아버지가 행방불명된 이후 어머니와 함께 외가에서 살다가 어머니가 외교관과 재혼한 뒤로 세계 곳곳을 다녔다. 17세에 칠레로 돌아와 대학에 진학하는 대신 저널리스트, 편집자, 희곡 작가 등으로 활동했다. 삼촌이자 남아메리카 최초의 사회주의 정당 대표로 대통령에 당선된 살바도르 아옌데 대통령이 피노체트의 쿠데타로 죽임을 당하자 저널리스트로서 격렬한 저항운동을 펼쳤다. 이 년 뒤 군부 독재 정권의 블랙리스트에 올라 베네수엘라로 망명했다. 건강이 악화된 외할아버지에게 보내는 편지를 쓰기 시작하면서 소설을 본격적으로 집필했고 1982년에 『영혼의 집(La Casa de los Espiritus)』을 완성하면서 세계적인 명성을 얻었다. 『사랑과 그림자에 대하여(De amor y de Sombra)』, 『에바 루나(Eva Luna)』 등을 연이어 발표하면서 가브리엘 가르시아 마르케스와 더불어 라틴아메리카를 대표하는 작가로 자리 잡았다. 『운명의 딸(Hija de la Fortuna)』, 『세피아빛 초상(Retrato en Sepia)』, 『파울라(Paula)』 등 20권 넘게 출판했으며, 35개국 언어로 번역되고 7천만 권 이상이 팔렸다. 현존 스페인어권 출신 작가들 중 세계에서 책을 가장 많이 판매한 작가로 대중적인 인기까지 누린다. 지금까지 약 15개국에 걸쳐 60여 개의 문학상을 수상했다. 현재 이사벨 아옌데 재단을 설립해 여성과 소녀들이 자립할 수 있도록 활동하고 있다.

Interview Date 2015. 05. 06
Interview Place 이사벨 아옌데 재단
Photo Credit 신익섭

08
**개인과
노예**

잃어버린
'개인'을
찾아서

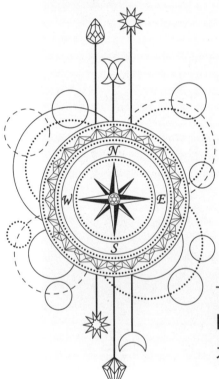

마루야마 겐지

작가

역사와 문명의 진보는 순응하지 않는 개인의 결정에 의해 진전되어왔다. 그러지 않았으면 왕정, 정교일치, 봉건 등은 바뀌지 않았을 것이다. 오늘 우리는 민주주의 시스템 속에 있다. 개인의 결정이 모여 전체의 입장을 정한다. 그런데 너와 나, 우리의 마음으로 스산한 공허감이 지나는 까닭은 왜일까. 희망은 바람 빠진 풍선처럼 가라앉았으며, 불안은 우리의 온몸을 흔든다. 내 선택이 내 삶을 책임질 수 있을까? 의심의 부피는 커져만 간다. 과연 우리는 '나'의 뜻으로 세상을 움직이는가?

　집단 이데올로기에 의해 휘청이는 개인의 마음, 국가의 마음을 살펴보기 위해 동아시아를 대표하는 일본 작가, 마루야마 겐지에게 연락했다. 일본뿐 아니라 한국의 작가들에게도 깊은 영향을 미친 거장으로서 그는 '작가들의 작가'라고 불린다.

　"우리 일상에 스며들어 있는 집단의식을 드러내보고 싶습니다"라고 하니 그는 흔쾌히 집으로 초대했다. 도쿄에서 하루에 두 번 다니는 신칸센 운행 시각까지 일러주며 "꼭 아침 7시 40분 기차를 놓치지 마세요"라고 당부했다.

그를 만나러 갈 즈음 서울 거리에는 광복 70주년을 기념하는 휘장이 나부꼈다. 사차선 교차로에 멈춰 설 때면 반복적으로 재생되는 공익 캠페인 영상을 봐야 했다. 국가의 부름에 화답하는 청년들의 다짐이 화면 가득히 클로즈업됐다. 국가를 위하는 마음, 국가를 위하는 희생을 강조한다. 내 안에서 질문이 올라왔다. '어떤 국가를 추구하고자 저리도 순종을 강요할까?'

도쿄에서 기차로 세 시간 반을 달려 도착한 나가노 현 시나노오오마치 역으로 마루야마 겐지가 마중 나와 있었다. 트럭을 몰고 위아래로 블랙진을 입은 그의 이미지는 소설가라기보다는 시류에 안주하는, 해무(海霧) 같은 나른함을 걷어내려는 록커의 풍모였다. 그는 파도처럼 밀려드는 조직, 사회, 국가의 이데올로기 공세에 실려 부표처럼 떠다니는 개인의 선택에 끓어오르는 안타까움을 토해냈다. 마루야마 겐지와의 인터뷰는 그의 집에서 이뤄졌다.

살아야 할 가치

○ 당신의 작품에는 다양한 유형의 인물이 등장합니다만 주인공은 대부분 애달픈 이들이고, 그를 둘러싼 이들도 가족과 생계에 짓눌리고 이웃의 삐딱한 시선에 옴짝달싹 못 합니다.

● 내 소설 속 인물들은 모두 세상에서 가장 약한 지위에 놓인 사람들이에요. 주인공 대부분은 실재하는 인물입니다. 『천일의 유리』는 스티븐 호킹과 같은 병을 앓는 소년이 천 일 동안 겪는 이야기인데, 그 소년도 실재해요. 약한 위치에서 사람들을 바라봄으로써 인간과 인간이 어떻게 살아가야 하는가를 그려나갔습니다.

인간은 의외로 타인을 주시하지 않아요. 특히 도시에 사는 사람은 자기도 모르는 사이에 사람을 바라보지 않는 습관에 빠집니다. 하지만 인구가 적은 시골에서는 자연스럽게 사람을 눈여겨볼 수밖에 없어요. 길에 할머니가 혼자 지나가면 '할머니는 어디로 뭘 하러 갈까?', 병을 앓는 소년이 비틀비틀 걸어오면 '가족들은 어떤 사람들일까?' 생각에 빠지게 되죠. 인간의 부조리, 불합리, 부당함 등이 머릿속에 떠오릅니다.

그럼에도 불구하고 살기 위해 애쓰는 사람들에게서 큰 감동을 받습니다. 그 감동을 그려내는 작업이 문학이 향하는 최대의 목적 아닐까요. '살아야 할 가치가 내게 있는가'라는 물음에 빠지게 되는 인물들을 통해서 그럼에도 가치가 있다고 말하는 것, 그쪽을 향하는 것이 문학이겠죠.

○ 소설의 문장 한 줄 한 줄이 시각적으로 그려져 있고, 전체가 한 편의 시처럼 밀도가 높습니다. 그러면서도 사회구조의 모순을 갈고리로 찍어 올리듯 꿰고요. "전자 기기를 사용하지 않으면 단 한 마리의 고기도 잡지 못하는 근대의 고기잡이 방법에 휘둘리고 있는 사나이들(어부들)은 모두 빚을 갚기 위해서……(『물의 가족』 중에서)" 같은 표현에는, 물고기를 많이 낚아야

생계를 유지하니 빚을 내서라도 전자 기기를 설치하지만 그 빚 때문에 결국 잡아 올린 물고기들을 은행으로 보내고 마는 어부들의 신세를 통해 현대인의 허덕이는 일상이 엿보입니다. 왜 평범한 사람들이 현대의 편리 속에서 계속 고통받는지 새겨져 있어요. 사회구조의 부조리를 건드리며 글을 쓰는 배경이 궁금합니다.

● 그 전에 내 성장 과정을 설명해야겠군요. 소학교 3학년 때 몸이 허약하거나 정신장애를 가진 아이들을 모아놓은 특수학급에 들어가게 됐습니다. 나는 건강했는데도 말이죠. 나중에야 이유를 알았어요. 운동회 때 학생들끼리 손잡고 춤추는 '유희(遊戱)' 시간이 바보같이 느껴져 집에 가버린 적이 있었거든요. 열 살짜리가 학교 지시를 따르지 않은 거죠. 또 전쟁이 끝나고 황실 사람이 죽었을 때 도쿄를 향해 머리를 숙이라고 했습니다. 나는 우리랑 무슨 상관이냐며 또 집으로 가버렸죠. (웃음) 결국 정신적으로 이상한 아이라고 찍혀서 특수학급에 배정된 거예요.

담임선생님은 건강한 내게 아픈 급우들을 보살피라는 지시를 내렸습니다. 겨울이면 교실에 석탄 난로를 땠어요. 당시 일본은 가난했고, 석탄을 하루에 한 자루만 줬습니다. 금방 타버리죠. 그러면 선생님이 나를 불러요. 가서 훔쳐 오라고. (웃음) 석탄보다 목숨이 더 중요하다고 하셨죠. 급우들은 감기만 걸려도 목숨이 위태로워지니까요. 그분에게 많은 것을 배웠습니다. 다른 반 학생들이 우리 반 친구를 괴롭히면 내가 때려줬습니다. 선생님은 모른 척해줬고요. 그러자 얼마 후에는 아무도 우리 반 친구들을 괴롭히지 않더군요. 그때부터 약자를 감싸는 습관이 생겼나 봅니다.

자본가들을 위한 국가

○ 왕따와 폭력은 지금도 일어납니다. 빈부의 차이가 확연한 구도시와 신도시 사이에 있는 학교에는 또 다른 질서가 있어요. 가난과 결핍에 대한 분노가 더 만만해 보이는 약자를 찾아 집단으로 쏟아지죠. 열등감과 자기과시는 그 뿌리가 하나라고 하는데, 아이들도 공격적인 방법으로 자기방어를 합니다. 인간의 본성을 어떻게 생각하세요?

● 인간은 동물로 태어납니다. 인간으로 죽을 수 있을지는 각자의 노력에 달렸죠. 대부분 동물로 태어나서 동물로 죽습니다. 인간으로 살기 위해서는 교양을 갖춰야 합니다. 좋은 대학, 좋은 직장에 들어가기 위해 머릿속에 지식을 집어넣는 일은 교양이 아니에요. 대표적인 예를 관동대학살에서 찾을 수 있어요. 그때 대중의 분노가 국가로 향할까 봐 두려워한 일본 정부는 흥분한 국민에게 조선인을 제물로 던져줬습니다. 조선인들이 폭동을 일으켜 쳐들어올 거라고 소문을 냈죠. 도쿄 사람들은 "조선인이 오면 다 죽여버리겠다"고 했고, 대학교수들도 나섰습니다. 그때 "말도 안 되는 그런 일은 벌어지지 않는다"고 외쳤던 이는 생선 가게 주인이었습니다. 대학교수와 생선 장수, 둘 중 누가 더 교양인일까요? 매우 상징적인 사건입니다.

요즘 인간이 되기 위한 지식, 인간이 되기 위한 교양은 사라졌어요. 국가가 교양과 지식을 강요하죠. 국가의 편의에 부합하는 지식, 국가의 편의에 부합하는 인간으로 만드는 교양입니다. 국가가 가장 두려워하는 것은 제동을 거는 국민입니다. 급여가 낮아도, 해고를 당해도 불평하지 않는 노동자, 전쟁을 할 테니 목숨을 내놓으라고 해도 순응하는 국민을 '양민'이라고 합니다. 식자들은 국가를 추상적인 대상이라고 하는데, 아닙니다. 매우 구체적이에요. 결국은 인간들입니다. 누구, 누구, 누구가 국가라고 손가락으로 가리킬 수 있습니다. 국가는 지배계급을 위해 움직입니다. 미국이든 북한이든 모든 국가에서 지배계급을 제외한 나머지 국민은 부수적인 존재, 바로 노예입니다. 그런 국가를 국민 대부분은 '조국'으로 착각하죠. 국가가 착각하게 조장합니다.

○ 우리가 볼 수 있는 국가는 누구인가요?

● 자본가죠. 한국에서는 재벌이겠죠. 정치가도 자본가에게 당할 뿐이에요. 일본도 미국도 마찬가지입니다.

○ 이미 돈의 흐름, 돈의 주인들은 국경을 넘나들며 세계를 움켜쥐고 있습니다. 자국의 브랜드나 은행이라고 자긍심을 부추기는 것도 부질없어 보입니다.

● 자본에 반하는 사람은 국적을 불문하고 순식간에 말살될 수 있습니다. 실제로 죽지 않아도 사회적으로 말살됩니다. 지배계급은 질서를 유지하기 위해서 반드시 국가가 필요하다고 대의명분을 내세우죠. 국가를 없애면 무질서한 세계, 범죄 왕국이 될 거라고 협박합니다.

○ 그래도 국가가 치안을 유지해주고 세금을 거둬 기간산업을 보완하잖아요. 그런 질서가 있으니 직장도 생기고, 장사도 하고, 또 농부들은 지원금도 받고 그러지 않습니까?

● 그것은 국민의 분노를 피하려는 최소한의 사탕(이익) 나누기입니다. 몽땅 빼앗으면 폭동이 일어나니까요. 원자력발전소가 대표적인 예입니다. 꼭 시골에 세우죠. 도시에는 반대하는 사람이 많으니까요. 원자력발전소가 들어서면 지역에 이러한 점이 좋다, 이런 것도 유치하겠다 사탕을 줍니다. 거기에 어용학자가 가세해 안전하다고 보증하죠. 시골 사람들도 눈치는 채지만 눈앞에 놓인 사탕에 마음을 내주고 맙니다. 후쿠시마 사태가 일어날 수밖에요.

○ 다들 결정을 내릴 때는 자기 의지였다고 생각합니다. 그러다 일이 터지면 국가나 조직, 동료의 생각에 휘둘렸다면서 배신감에 사로잡히곤 하죠. 개인은 명민한데 진영 논리에 사로잡혀 세상을 편 가르는 사고를 어떻게 이해해야 할까요?

● 인간은 세뇌당하기 쉬워요. 특히나 국가, 학자, 유명인의 말을 비판 없이 받아들이죠. 방송에서 같은 말을 되풀이하면 시나브로 세뇌당할 수 있습니다. '고코로구미(心組み, 마음가짐)'라는 일본말이 있어요. 반드시 누군가에게 영향을 받겠지만 늘 의심하고 질문하며 스스로 답을 찾는 것을 '고코로구미를 단단히 한다'고 표현합니다. 안 그러면 순식간에 당해요.

전체가 아니라 한 점을 보라

○ 세뇌당하지 않고 자기 답을 얻으려면 전체 판을 볼 줄 알아야 하지 않

을까요?

● 판이 아니에요. 점 하나를 봐야 합니다. 나는 오프로드 바이크를 탑니다. 한쪽이 절벽인 곳을 돌아 달릴 때는 빠르게 급커브를 틀어야 살아 나올 수 있습니다. 아마추어는 주변을 둘러보며 상황을 가늠하려 하지만 프로는 출구 하나만 응시해요. 전체를 보겠다고 두리번거리면 시선이 애매해져요. 낭떠러지로 곤두박질치게 됩니다. 왜 점 하나가 중요할까요? 자신에게 가장 가까운, 가장 중요한 한 점으로부터 눈을 돌리지 않는 그 지점이 우리 마음을 단단히 다잡을 수 있는 곳이기 때문입니다.

일본 지식인 중에 외국 신문, 일본 신문을 죄다 이 잡듯 읽는 이들이 있어요. 뭔가 안다는 기분에 사로잡히겠지만 실은 아무것도 모릅니다. 자기 자신에 대해서조차 몰라요. 우리가 자기 자신을 찬찬히 들여다볼 수만 있다면 세계를 읽어낼 수 있습니다. 철학자들은 서재에 들어가 아무도 안 만나고 혼자서 인생과 인간에 대해 골똘히 궁리해 답을 내리는데 잘못된 태도입니다. 그 과정에서 답은 점점 왜곡됩니다. 풀 한 포기, 작은 나무 한 그루를 키우면서도 깨달을 수 있는 것을 평생 모르고 살아요. 관동대지진 때 생선 장수는 아침부터 밤까지 생선만 팔았을 거예요. 신문, 철학서 따위는 당연히 안 읽었겠죠. 그런데도 "조선인이 침략해 온다는 소리는 거짓이다"라고 단칼에 답을 내렸습니다. 전체를 본다는 것은 그런 것이에요. 전체를 보고 싶다면 전체를 보지 마라. 한 점을 봐라.

○ 생선 장수는 사람을 깊게 만남으로써 오히려 세상을 읽어낼 수 있었다

는 거죠?

● 인간이 어떤 존재인지 제대로 본 것이죠. 국가가 흘려보낸 데마고그(선동)에 휩쓸리지 않았던 거예요. 눈앞에 있는 사람들과 마음으로 사귄 것입니다. 서재나 상아탑에서 배운 것이 아니라 현장에서 배운 앎이 진정한 교양이고 공부입니다.

○ 그렇다면 한 점, 어디에 찍어야 할까요?

● 모든 것을 희생하더라도 이것만은 지키겠다 하는 것. 그것이 무엇인지 자문해보고 이것을 양보하면 나는 내가 아니다 하는 것, 절대로 양보할 수 없는 것을 확보해야죠. 그것으로부터 눈을 돌리지 않는 겁니다.

○ 당신의 한 점은 어디인가요?

● 권력과 권위에 굴복하지 않는 것, 그뿐입니다.

○ 어떤 권력이죠?

● 국가권력이죠. 국가가 초래하는 다양한 권위, 또 문학상 제도, 이 모두를 거부합니다. 소설가라는 존재는 그늘에서 자라는 식물이에요. 음지식물은 빛을 많이 쬐면 말라버립니다. 이때의 빛은 명예, 돈이겠죠. 갑자기 책이 잘 팔리고, 또 여러 단체에서 상을 받자마자 엉망이 된 소설가가 아주 많습니다.

문학, 마음에 작은 돌을 던지는 작업

○ 그렇지만 어차피 우리는 서로 주고받으며 살 수밖에 없지 않습니까?

● 물론 인간은 사회적인 동물이에요. 하지만 그 점에 의존한 나머지 개인을 잃고 있어요. 회사, 국가 같은 집단에 편입되어 자신을 잊고 개인을 버려요. 그러다 보면 어떻게 살아야 할지 갈피를 놓치게 되죠. '나'라는 개인으로 돌아와야 합니다. 개인을 되찾기 위한 문학이 바로 제 문학입니다. '나는 누구인가'라고 다시 묻게 하죠. (잠시 침묵) 독자 대부분은 스스로를 잊기 위해 소설을 읽습니다.

○ 작가들은 독자를 위로할 수 있어 행복하고, 거기에서 자신의 존재 의의를 느낀다고 말하기도 합니다. 저도 의미 있는 일이라고 생각해요.

● 아주 값싼 위로죠. 진정한 위로가 될 리 없어요. 일시적인 안심일 뿐이니까요. 위로와 일시적인 안심은 전혀 다릅니다. 작가는 독자를 현실 속으로 쑥 들이밀어야 해요.

○ 현실은 버겁잖아요.

● 그러니까 힘들 때 술 마시는 것처럼 문학에 손을 댑니다. 문학이 술 정도의 가치라는 거죠. 진보도 무엇도 사라지고 마지막에는 술을 많이 마신 것처럼 너덜너덜해지는. 무엇을 위해 살고, 무엇을 위해 책을 읽는지 알 수 없게 돼요. 문학이 그래도 되는 건지······.

○ 당신의 소설에는 어망 속 물방울이 자신을 비추고 세상을 비추고, 또

그 물방울이 다른 물방울을 비추는 양식이 있습니다. 그렇게 소설이 나와 세상, 타인과의 연계를 비추는 매개가 되어야 한다는 건가요?

● 참여문학이 유행하던 때 사르트르는 "죽어가는 어린아이 앞에서 문학이 무엇을 할 수 있을까?"라고 세상을 향해 물었습니다. 작가로서 고백하자면 그 순간 문학이 할 수 있는 일은 아무것도 없어요. 뭔가 있다고 생각한다면 그것은 작가의 자만이에요. 그럼에도 문학은 마음이라는 연못에 작은 돌을 던지는 작업입니다. 조그마한 파문이라도 일으킬 수 있다면 충분히 성공이라 생각해요. 그것이 작가의 역할이죠.

○ 작가가 아니더라도 각자의 자리에서 정체된 질서에 파문을 일으킬 수 있다면 다양하고 생명력 있는 사회가 될 것이라고 생각합니다. 그러면서도 세상살이에 겁먹어서인지 '모난 돌이 정 맞는다'라는 한국 속담이 떠오릅니다.

● 일본에는 '튀어나온 말뚝은 맞는다'는 표현이 있습니다. 조금이라도 남과 다르게 행동하면 비난을 받죠. 개인으로 돌아와 나 자신을 주장하기 시작하면 순식간에 사회적으로 매장당하는 분위기예요.

○ 그런데도 왜 내 멋대로 살라고 하세요? (웃음)

● 그래도 한번 해봅시다. 내 인생 내가 사는데 왜 남을 신경 써야 합니까?

○ 그럼 밥벌이하기 어렵잖아요.

● 그래요. 밥이야 먹고살아야죠. 그렇다고 영혼까지 팔면 서럽잖아요. 누군가 나의 가장 중요한 부분까지 흔들려고 한다면 힘이 세건, 돈이 많건, 부모이건 으랏차! 밀쳐내야죠.

인간으로 산다는 것

○ 경쟁이 심한 탓에 스트레스를 받은 사람들은 고삐 풀린 말처럼 나보다 못한 '을'을 찾아 '갑질'로 질주합니다.

● 인간은 본능과 욕망의 노예로 태어납니다. 지성, 이성은 타고나는 게 아니에요. 동물은 못된 꾀 같은 것을 부릴 줄 모르니 일은 남한테 시키고 이득은 가로채는 따위의 야비한 짓을 안 합니다. 인간은 참 어중간한 만듦새로 나왔어요. 그게 인간의 비극입니다. 인간의 뇌는 세 층으로 설명할 수 있어요. 동족도 먹어치우는 파충류 뇌, 거기에 제멋대로인 원숭이 뇌를 덧썼고, 가장 위에 높은 지능의 뇌가 있습니다. 세 층이 조화를 이루지 못해요. 사람들은 대부분 가장 위의 뇌는 쓰지 않고 파충류 뇌와 원숭이 뇌만 쓰며 평생을 삽니다. 별로 필요하지 않은 지능적 뇌가 왜 인간에게만 주어졌는지는 생물학적으로 여전히 수수께끼로 남아 있어요.

인간으로 산다는 것은 지능적인 뇌를 최대한으로 쓰며 산다는 것입니다. '인간답다'는 표현에는 두 가지 측면이 있어요. 첫째, 인간은 약하니까 흘러가는 대로 살아야 한다. 둘째, 인간은 약하지만 강하게 뚫고 나가야 한다. 나는 동물로서의 삶을 멈추고 인간이기에 할 수

마루야마 겐지

있는 높은 수준의 뇌를 한껏 쓰는 것이 진정한 인간다움이라고 생각합니다. 또 하나는 약자인 척하지 않는 것!

○ **이성(理性), 어떻게 키울 수 있을까요?**

● 자신이 이성을 가지고 있음을 의식하는 길밖에 없어요. 책으로도, 타인에게서도 배울 수 없습니다. 타인들 사이에서 그들을 의식하는 자신이 아닌, 진정으로 혼자가 되었을 때 '이것이 나구나'라고 자신을 제대로 인식하는 것에서부터 이성은 길러집니다.

○ **개인들이 이성을 차리고 함께 모여 결정해나간다면 서로를 억압하지 않는 국가의 마음을 만들 수 있지 않을까요? 제 생각이 낭만적인가요?**

● 국민을 위하는 정치가는 없습니다. 권력은 특정 소수의 동맹들이 다른 사람들의 희생을 대가로 이득을 보는 데 앞장서니까요. 다만 개인들이 모여서 대안을 만들 수는 있겠죠. 예를 들자면 인터넷을 이용해서 국가를 초월할 수 있습니다. 인종과 종교도 초월해 각자 나름의 방식으로 전쟁을 비판하고, 평화를 막는 사람들을 배제시킬 수 있습니다. 내가 마음대로 붙여본 이름인데, '국경 없는 의사(義士)단' 같은 단체를 만들어 회칙, 회장, 단장 같은 것을 세우지 않은 채 서로 소속감을 가지고 활동할 수 있겠죠. 다양한 형태가 가능할 것입니다. 국가가 아닌 개인이 나서는 겁니다. 오늘처럼요. 한국에서 왔다, 일본인이다 구분 없이 서로 지인이 된다는 인식이죠. 여기에 국가와 같은 것이 개입해서 '너희들 얘기를 좀 나눠봐', '인터뷰 좀 해봐'라고 하면 다 같이 등을 돌리는 겁니다. '참 성가시네' 하면서 말입니다. 국가

를 초월해 인간 대 인간으로 만나 할 수 있는 작은 일부터 해나가면 됩니다.

○ 인생이 만만하지 않습니다. 관계는 복잡하고. 갈등도 사막의 모래바람처럼 느닷없이 일어나 눈을 찌릅니다. 뻣뻣하게 맞대다 보면 부러질 수 있고요. 나를 잃지 않고 살아가는 방법에 대해 조언을 부탁드립니다.

● 성실하게만 살다가 어쩔 도리가 없는 속수무책의 상황이 되었을 때는 태도를 바꿔야 합니다. 인생을 지나치게 무겁고 진지하게 받아들인 나머지 스스로 탈출구를 없앨 때가 있거든요. 일이 잘 풀리지 않는다거나, 연인이 나를 싫어한다거나, 결혼 생활이 파탄 났다거나, 아무리 노력해도 내가 원하는 직장에 들어갈 수 없다거나…… 내 뜻대로 일이 안 풀리면 시야가 점점 좁아집니다. 그러다 중대한 사안마저 성급하게 결론을 내려버리곤 하죠. 나는 살아갈 가치가 없다, 나는 이 정도밖에 안 되는 인간이다…… 편협해지기 쉽습니다.

그럴 때는 나 자신한테 "인생 따위 똥이나 먹어라!" 하고 외치세요. 틀린 길로 몰려가던 생각을 중립적으로 돌려놓을 수 있습니다. 일단 모든 것을 백지로 되돌리고 나서 다시 해보자, 지금까지 해왔던 일들을 새롭게 보자, 세상도 사회도 다시 보자…… 숨통을 틔우세요. 그런 다음 주문을 외듯 가능성이 있지 않을까, 길이 있지 않을까…… 스스로에게 질문하세요. 그사이 삶은 더욱 단단해질 것입니다.

○ 힘이 나는걸요. 사회를 부정하기보다 권위라는 허울에 빠져 본질은 못 본 채 스스로를 잃고 마는 우리를 깨우는 독한 메타포로 다가옵니다. 허세를

벗고 마음으로 만나자, 인생 한번 부딪혀보자! 각오가 새로워집니다.

● 내 목숨, 내 인생입니다. 내가 주도권을 쥐는 것입니다!

마루야마 겐지와의 대화는 도쿄행 기차 시각에 맞춰 멈출 수밖에 없었다. 이별을 앞두고 조바심 나는 상황에서 한 가지 질문을 더했다.

"당신은 소설도 강렬하고, 에세이에서도 모질 정도로 단언하는 말을 휘두르셨습니다. 한국 독자들 가운데는 당신은 만개했다 봉오리째 떨어지는 동백꽃처럼 황혼이 오기 전에 느닷없이 세상을 저버릴 거라 여긴 이들이 있습니다. 당신의 늙은 몸이 당혹스럽다고 말합니다."

그의 얼굴에 등고선 같은 주름이 물결쳤다. 웃음을 물고서 낮은 목소리로 대답했다.

"나는 너덜너덜해져서 죽을 거예요. 살아서 이 세상을 떠날 수 있는 사람은 아무도 없으니까요. 이대로 글을 쓰다가, 아니면 정원을 손질하다가 털썩 쓰러져 죽고 싶습니다."

그 말에는 마지막까지 맹렬히 살겠다는 마루야마 겐지의 기개가 담겨 있는 듯하다. 숲속 같은 그의 마당에는 씨앗에서 자라 재목을 이룬 나무들과 그 둥치를 감고 오르는 음지 덩굴들로 싱싱한 기운이 가득했다. 땅에 붙을 듯 고개 숙인 물망초의 보랏빛도 완숙했다. 우람하고 연약한 생명들이 어우러져 있다.

182

마루야마 겐지

(丸山健二, 1943년~)

일본 나가노 현 시나노오오마치에 산다. 1963년 도쿄의 무역 회사에서 일할 때 지금의 부인을 만났으며, 1966년 회사가 부도에 처하자 생계 대책으로 첫 소설 『여름의 흐름』을 썼다. 그 작품으로 《문학계》 신인문학상과 아쿠타가와상을 받았다. 1968년 『정오이다』를 통해 귀향한 청년의 고독을 그려내고 자신도 귀향했다. 이후 문단과 선을 긋고 집필과 정원 관리에 전념한다. 주요 작품으로 장편소설 『천일의 유리』, 『물의 가족』, 『천년 동안에』 외에 다수를 썼고, 소설집 『어두운 여울의 빛남』, 『달에 울다』 등을 펴냈다. 에세이로는 『인생 따위 엿이나 먹어라』, 『그렇지 않다면 석양이 이토록 아름다울 리 없다』, 『소설가의 각오』, 『시골은 그런 것이 아니다』 등을 출간했다.

Interview Date 2015. 07. 06
Interview Place 일본 나가노 현 시나노오오마치 자택
Photo Credit 안선영
Interpreter 김경채·도쿄 대학교 표상문화론 박사과정

거침없이
고독하라

장쉰
작가

현대인에게 '고독'은 친숙한 단어다. '환희롭다'라는 단어에는 고개
를 갸우뚱할지 몰라도 '고독하다'는 그저 읊조리기만 해도 고독감이
몰려든다. 고독은 어느새 외로움이라는 부정적 감성으로 대치됐다.
세계 인구 70퍼센트가 모여 산다는 도시는 현대 지구인의 삶터다.
북적거리는 도시에서 개인은 마음 붙이지 못하고 쳇바퀴 따라 돌며
일상을 만들어간다. 외로움에 주눅 든 채 타인의 선택에 눈치껏 기대
며 하루를 버틴다.

　그러나 타이완 작가 장쉰은 고독으로 살아갈 힘을 키우자고 설득
한다. 고독은 스스로와 마주하는 시간이다. 다행히 고독의 다른 이름
인 '홀로 있기'는 의미의 중립성을 찾아가는 듯하다. 그는 어떤 감정
속에서 생산된 고독이든 더께로 앉은 외로움을 벗고 당당해지자고
제안한다. 장쉰과 나눈 대화에서 고독이 뿜어내는 환희의 빛을 발견
하길 희망한다.

장쉰은 타이완을 대표하는 지성이다. 남녀노소를 불문하고 그 이름만으로도 사람들을 설레게 하는 주인공이다. 젊은 날 프랑스에서 미학을 공부하고 돌아온 그는 소설로 청년들에게는 세상과 마주하도록 눈을 뜨게 했고, 장년들에게는 그들이 만들어놓은 세상이 어디로 가는지 직시하도록 사유의 길을 열어줬다.

타이베이 바오칭루(寶慶路)에 있는 서점 회의실에서 그를 만났다. 전에는 텔레비전에 출연하여 강연도 자주 했지만 최근에는 언론에 모습을 드러내지 않았다. 내가 그에게 연락할 즈음 중국 CCTV에서도 인터뷰를 요청해왔지만 거절했다고 했다. 내 인터뷰에 그가 응해준 것은 아주 이례적인 일이었다. 약속 시각 이십 분 전, 택시에서 내려 서점 회의실로 올라오는 장쉰의 풍모는 담백했다. 어떤 권위도, 명성에 부응해 무대에 선 듯한 매너도 느껴지지 않았다.

고독한 인간

○ 타이베이 사람들도 스마트폰을 보며 다니네요. 세대를 초월해서 SNS에 매달립니다. 이런 현상을 둘러싸고 외로워서, 관음증과 자기 우월감을 드러내는 데 적절한 수단이어서 빠져든다는 등 다양한 해석을 합니다. 당신은 어떻게 생각하시나요?

● 나도 스마트폰을 사용하는걸요. 우리는 컵도 쓰고 의자도 씁니다. 컵이 없던 시절에는 손을 모아 물을 마셨는데 컵이 있으니 편해졌죠. 다만 어느 날 컵이 사라지면 다시 손으로 물을 마실 수도 있다

는 것은 잊지 말아야 합니다. 사람과 물질이 어떻게 조화를 이뤄야 하는가의 문제예요. 스마트폰에 기대지 않을 수도 있어요. 하지만 요즘 젊은이들에게는 대단히 어려운 일이겠죠. 물질과 적절한 관계를 유지하도록 천천히 배워야 합니다.

○ 컵이나 의자는 소비하는 물건이지만 스마트폰은 관계를 맺는 도구잖아요. 많은 사람 속에 있지만 관계는 오히려 더 가벼워지니 외로운 것이겠죠.

● 스마트폰이 없어도 외롭기는 마찬가지입니다. 고대 철학자들도 외로움에 관해 논했어요. 나는 고독은 인간의 본질이라고 생각합니다. 본래 고독하게 살고, 고독하게 죽습니다.

우리는 많은 관계를 맺습니다. 그 안에는 거짓과 진실이 공존해요. 스마트폰에 매달려 대화 상대를 찾는 일은 황량하지만, 아예 고독 속으로 들어가는 것은 어떨까요? 산에서는 며칠을 걸어도 대화할 상대를 한 명도 만나지 못할 수 있어요. 바람 소리를 듣고, 움직이는 구름을 보고, 물소리를 듣는 고독 속으로 들어간다면 오히려 고독의 한가운데서 채워지는 아름다운 무엇인가를 느낄 수 있을 것입니다.

○ 홀로 시간을 보내려고 애써온 사람들에게는 반가운 격려로 들리겠지만 도시에서 바쁘게 밀려다니며 일상을 보내는 사람들 가운데 과연 얼마나 그 말에 수긍할까요?

● 나는 고독이 자신과의 대화가 되기를 바랍니다. 습관적으로 자신을 불러 이야기를 나누다 보면 반드시 무엇인가를 발견하게 될 거예요.

한자로 고독은 외로울 '고(孤)'와 홀로 '독(獨)'이 결합된 단어입니다. 고아, 독거노인 등에 이 한자들이 쓰이죠. 두 한자 모두 애잔함을 불러일으킵니다. 영어로 고독은 solitude입니다. 어근인 sol은 태양을 뜻하는 Sole에서 왔습니다. 유일한 존재로서의 자긍심이 담겨 있어요. 나는 고독에 대한 동양과 서양의 의미를 연결해야 한다고 생각합니다. 우리가 지향하는 건강한 사회는 상처 입은 모든 이가 함께 존중받는 곳이에요. 고아나 독거노인처럼 소외된 이들도 완전한 자기 자신으로 존엄한 위치에 존재할 수 있어야 합니다.

○ 고독이라는 단어만으로도 절절한 느낌이 전해져 옵니다. 고독하니까요. 경쟁이 강박과 일상이 된 오늘날, 가족과 둘러앉은 밥상마저 쓸쓸함을 채워주기보다 서러움을 불러올 때가 있습니다. 도시에서는 상대적인 박탈감을 떨쳐내기가 참 어려워요. 그렇다고 다 버리고 산으로 갈 수도 없는 노릇이고요. 어울려 소통하고 인정받고 싶은 것이 인간의 본능 아닐까요?

● 한국은 유교 문화의 영향을 많이 받았죠. 유교 문화에서는 관계를 빈번하게 강조합니다. 아버지와 아들, 남편과 아내, 어머니와 아이들, 스승과 제자, 친구…… 모두 사람과 사람 간의 관계입니다. 내가 이해하는 바로는, 중국에는 다른 전통이 있습니다. 바로 도교인데요. 장자가 말하기를 "천지의 정신으로 왕래하라"고 했습니다. 고독을 통해 천지와 이야기하라는 뜻입니다. 사람과 사람 간의 관계 이전에 먼저 자기 자신과의 행복을 완성해야 하거든요. 자신이 원하는 바를 외부에서 추구할 때 길을 잃고 헤매게 됩니다. 진정한 대화의 관계가 아니라 주고받는 관계로 변하기 때문이죠.

장쉰

석가모니는 오롯이 자기 자신에 대해 오래 생각했습니다. '보리(菩提, 정각(精覺)의 지혜)'라는 말은 우리가 스스로와 어떻게 마주해야 하는지를 말해줍니다. 다른 사람과 어떻게 지내야 하는지에 대해 너무 오래 묻다 보니 사람들이 세세하게 분열됩니다. 스스로가 사라질 지경이에요. 자칫 자기가 누구인지조차 잊어버릴 수 있습니다.

모든 사람이 없다고 여기고 '나는 무엇을 원하는가' 같은 질문을 스스로에게 던지기를 나는 권합니다. 우리는 바로 그 지점에서 시작해야 합니다.

세상을 온전히 느낀다는 것

○ 세상은 미처 익숙해지기 전에 바뀝니다. 이 직장에 계속 다녀야 할지 의문스럽고, 스스로 선택한 전공으로 학위를 받아도 과연 자신이 할 수 있는 일이 있을지도 불안합니다. 장사하는 사람들도 업종을 변경해야 하지 않을까 전전긍긍하고요. 나 자신의 힘을 발견하기도 전에 세상은 벌써 핑핑 돌아가는데 '내가 원하는 것'을 생각해도 괜찮을까요? 내가 그리 대단한 존재일까요?

● 서양에 이런 말이 있습니다. "세상을 다 얻을지라도 스스로를 잃어버리고 어디서 왔는지조차 모른다면 무슨 의미가 있겠는가."

나는 부다가야를 수차례 방문했습니다. 2천 년 전, 고타마 싯다르타가 앉았던 곳에 앉아봤어요. 그는 보리수 아래서 무엇을 알고 싶었을까? 궁금했습니다. 사람들은 세상에서 일어나는 일들과 자기 자신은 관계가 없다고 생각합니다. 과연 그럴까요? 싯다르타가 앉았던 자리, 보리수 아래는 아주 고요했습니다. 모든 잎사귀의 움직임이 느껴졌어요. 참으로 아름다웠습니다. 그때부터 오직 그 순간에만 머물게 됐습니다. 오가던 생각들이 딱 멈췄어요. '이 나무와 햇빛은 참으로 찬란하구나'라는 감각만이 그 자리에서 차올랐습니다.

○ 눈가가 촉촉해지셨는데요. 순간을 온전히 느낌으로써 세상에 이미 벌어지고 있던 현상들과 연결되는 건가요?

● 단지 느꼈을 뿐입니다. 앎과는 달라요. 나는 영원히 거기에 머무를 수 있을 것 같았어요. 전에는 느껴보지 못한 느낌으로 차올랐습니다. 지식적인 것이 아닙니다.

○ 불교를 삶의 방편으로 받아들이면서 서구인들도 시간의 흐름을 초월해 현재가 이어지는, 생생하게 살아 있는 시간을 이해하게 됐습니다. 그리고 이를 '나우니스(nowness)'라고 표현합니다. 그런 순간을 경험한다면 모든 사람이 자기 세상을 견고하게 할 수 있다고 생각하시나요?

● 그 순간 자신의 내면과 아주 친밀한 대화를 나눌 수 있습니다.

○ 그것은 어떻게 바깥세상과 연결되나요?

● 바깥세상이 아닙니다. 내면세계가 드러나게 되는 거죠. 우리는 생각하고 추론하며 삽니다. 이는 모두 사고와 관련 있어요. 그때 놓치는 것이 하나 있습니다. 예를 들어 내가 이 종이를 손끝으로 만진다고 해보죠. 감촉을 느끼는 것이지 사고하는 것은 아닙니다. 현대인

은 많은 것을 알고 있습니다. 반면 너무 적게 느낍니다. 듣고, 냄새 맡고, 만지고 하며 느낄 수 있지만 정작 이렇게 느끼는 감각은 천천히 약해져가고 있어요.

나는 삶의 한 부분인 지식을 중심으로 발전해가는 세상이 염려스럽습니다. 그러면서 또 다른 힘을 배제할 수 있거든요. 그러므로 우리는 느낌의 힘으로 균형을 이뤄야 합니다. 햇볕만 봐도 알 수 있어요. 햇볕은 한순간도 멈추지 않고 계속 변해요. 바람과 나뭇잎이 끼어들면서 계속 움직입니다. 그런데도 우리는 종종 이런 변화를 느끼지 못하죠.

○ 아예 외면하죠. 지금은 대화에 집중하니 다른 감각은 막아버리고 대화에 몰두하고요.

● 우리는 답을 빨리 얻으려고 합니다. 단 하나의 답만 바라보며 나아가요. 그 답을 얻겠다고 질주하다가는 이 모든 작용이 이어지는 과정을 느끼지 못한 채 지나치고 맙니다.

고독의 만족감과 외로움의 목마름

○ 아! 세상과 온전히 만나지 못하고 저 스스로를 좁은 방에 가뒀군요. 이성적인 사고를 하겠다는 이유로 세상에 닿을 수 있는 모든 감각의 촉수를 거둬들였습니다. 이성도 감각과의 조화 속에서 더 사려 깊어질 수 있음을 잊고 말았어요. 잠시 침묵에 잠겼을 때 새소리, 바람 소리가 들리고 저 멀리 기찻

길이 있다는 것을 생생히 경험한 순간이 있었습니다. 제 안에서 생명력이 살아났죠. 생각을 놓아버리고 자기 자신과 함께함으로써 오히려 인식이 넓어지는 고독의 힘을 믿어왔는데, 지금 이 순간은 또 단절되고 말았네요. 그런데 고백하자면 외로움이 어색해서 고요하게 잘 멈추지 못합니다. 온갖 기억과 감정으로 뭉친 '나'를 친하게 마주하는 일에도 용기가 필요하잖아요. 속도의 관성을 끊기란 정말 어렵던데요. 과연 고독과 외로움, 어떤 관계인가요?

● '고독(孤獨)'과 '외로움(寂寞)'은 다릅니다. 외로움은 고독을 두려워하지만 고독은 고독을 두려워하지 않습니다. 고독은 스스로 만족할 수 있는 것이죠. 고독한 그 상태가 좋지 않다면 당신은 고독을 두려워하는 것입니다. 그게 외로움이에요. 외로워서 사람을 찾고 또 찾고 싶어지죠. 햇볕과 바람을 느끼며 나무 아래에 있으면 일종의 만족감을 느낄 수 있습니다. 만족한다면 외롭지 않겠죠.

우리 몸은 외로움을 두려워합니다. 그래서 친구나 연인을 찾아요. 스스로 몸을 아주 세게 감싸 안을 때는 극심한 외로움을 느낄 때라고 생각해요.

○ 채워지지 않아서 헤맬 때는 어떻게 스스로와 만나는 고독으로 나아가죠?

● 극심한 외로움이 몰려와 두 팔로 자기 몸을 강하게 포옹할 때 우리는 손끝으로 전해져 오는 무엇인가를 느끼게 됩니다. 내 손으로 감쌌지만 손길이 닿는 몸 곳곳의 긴장이 조금씩 풀려가죠. 어루만지는 감촉 속에 평온이 전해지면서 새로운 상태로 옮겨 갑니다.

그런데 우리는 자기 몸조차 제대로 이해하지 못하면서 또 다른 몸을 통제하려 합니다. 그러니까 더 외로워지죠. 내 말보다는 창밖에 나부끼는 나뭇잎이 더 많은 것을 설명해줍니다. 그래서 젊은 세대들과 이야기를 나눌 때면 그들에게 햇볕과 바람과 나뭇잎의 움직임을 느낄 기회를 자주 제공할 수 없을까 궁리합니다. 결론을 내리기 전에, 서둘러 해석하기 전에 직접 보고 느끼기를 바랍니다. 바람이 그들의 몸을 더 자주 스치고 지나갔으면 좋겠어요. 외로움은 계속해서 뭔가를 찾으려 하지만 고독은 아니에요. 외로움 속에서 찾을 수 있는 것은 없지만 고독 속에서는 희망이 올라옵니다.

○ 희망은 찾아가는 것이 아니라 마주하는 것임을 어렴풋이나마 알겠습니다. 우리 대화를 읽는 이들이 고독의 시간을 누리며 마침내 희망으로 나아가기를 응원해봅니다.

● 나도 응원합니다.

○ 당신이 『고독육강』에서 이야기한 혁명의 고독에 관해서도 듣고 싶습니다.

● 샤를 보들레르, 장 폴 사르트르, 미하일 바쿠닌 같은 철학자나 사상가들이 제시한 관점은 주류 사회에서 세속적인 잣대로는 이해하기 힘듭니다. 하지만 그런 고독감은 아주 중요합니다. 최초로 지구는 둥글다고 말한 사람은 아주 고독했어요. 아무도 그렇게 믿지 않았으니까요. 역사가 혁명가로 기억하는 사람들도 당시는 완전히 거부당했죠. 그들의 신념에는 당대의 불평등에 맞서는 핵심 주장이 있습니다. 대단히 외로웠을 거예요.

○ 세상은 이미 정해진 질서 속에 있지만, 새로운 생각을 일으켜 밀어붙일 때 흔들리며 나아갈 수 있다고 생각합니다. 시작하는 이들의 행동이 바로 고독 속에서 버린 힘이라고 보시나요?

● 오늘 우리의 질서는 과거의 습관입니다. 이미 깊게 젖어 있지만 질서는 바꿀 수 있어요. 혁명의 고독은 일반적인 항쟁의 혁명만이 아니라, 세상과는 다른 자기 내면의 눈을 뜨고 그것을 알아가는 데서부터 시작합니다. 사람들 대부분은 기존의 사회질서를 기댈 수 있는 힘이라고 믿겠지만, 모든 개인이 스스로의 존재 가치에 대해 사고하기 시작하고 자기 자신의 요구에 맞게 행동하는 것 또한 세상을 돌아가게 하는 힘이 될 것입니다. 세상은 이렇게 큰 힘과 작은 힘이 서로 맞물려 함께 움직입니다.

고독하게 돌아서는 힘

○ 당신은 1퍼센트의 반항이 사회의 균형을 잡아준다고도 했습니다. 저는 한 사회가 균형을 잃고 쏠려 있다면, 과거로 회귀하거나 파시스트적인 억압을 한다면 거기에 목숨 걸고 대항하며 극단적으로 치닫는 시위도 기울어진 추를 중앙으로 가져오는 충격 작용을 한다고 생각합니다. 어떻게 균형을 찾아갈 수 있을까요?

● 어려운 질문입니다. 사회의 균형을 이루려면 장기적인 관점으로 진단하는 집요한 '사고(思考)의 고독'이 필요합니다. 모두가 각기 다른 자기 생각을 제시할 수 있어야 합니다. 나는 인도의 장님과 코

끼리 이야기를 자주 예로 듭니다. 여러 장님이 코끼리를 만졌죠. 앞을 못 보니 완전한 코끼리를 표현할 수 없고 각자가 만진 부분만 이야기합니다. 의견이 서로 다를 수밖에 없겠죠. 옆에서 지켜보던 눈 뜬 사람들은 멍청한 답이라고 비웃었어요. 한 사람 한 사람이 만진 것은 부분에 불과하니 논쟁에서 이겨봤자 결론은 어차피 틀릴 테니까요. 우리 사회가 꼭 이와 닮은 것 같습니다.

사실 이 이야기에서 발견해야 할 것은 각자가 만진 부분들을 교환하며 결합했더라면 비교적 완전한 코끼리에 다가갈 수 있었을 것이라는 점입니다. 나는 사회 구성원 개개인이 자신의 생각을 용감하게 말할 수 있길 바랍니다. 다른 사람이 틀렸다고 말해도 괜찮아요. 용기를 내세요. 그리고 다른 사람들의 생각에도 귀 기울여야 합니다.

○ 누구나 자기 뜻을 말할 수 있는 분위기가 바로 민주주의가 작동되는 조건이겠지요. 소신껏 말할 수 있는 용기를 북돋우는 시스템이 먼저 갖춰져야 하는데 이것도 닭이 먼저냐, 달걀이 먼저냐의 문제일까요?

● 선후를 따지기 어렵죠. 그럼에도 개인들이 깊이 사고해야 한다는 것만큼은 아주 중요합니다. 내가 자란 타이완 사회는 아주 유교적이었어요. 문제를 놓고 토론할 수 없었습니다. 단 하나의 답만 주어졌으니까요. 약자들은 그 답안을 완성하도록 강요받았습니다. 어릴 때부터 사고하지 않는 것이 습관화되고 답을 받기만 하면 된다는 생각, 아예 사회적인 습관으로 굳어져 개인은 생각하려 들지 않는 분위기에 젖어버리는 일상, 이는 아주 위험합니다. 남의 생각에 길들지 맙시다.

○ 요즘은 미디어와 시장이 답을 줍니다. 소비로써 '나'를 증명하도록 부추기죠.

● 맞습니다. 소비사회. 지금의 자본주의죠. 그렇기 때문에도 개인의 사고는 중요합니다. 나는 어렸을 때 가정에 대항하고 학교에 대항했던 것 같아요. 내가 지금 대항하는 대상은 이 자본주의 사회일 겁니다. 텔레비전을 비롯한 방송 매체들은 매일 우리에게 뭔가를 줍니다. 사실 그건 권위적인 압력과 같은 거예요. 과거에는 오해했죠. 권위적인 압박은 정치적인 것이라고. 지금은 그렇게 생각하지 않습니다. 그건 하나의 체제입니다. 일상의 요소들이 바로 자본주의 사회의 체제이고, 그 자체가 바로 권위적인 압박인 거죠.

○ 스스로의 답을 찾을 수 있는 길에 대해 조언한다면요?

● 떠나라! 이 주류 사회로부터 고독하게 돌아서라. 고독해진다면 거부할 수 있습니다. 우리 집에는 텔레비전이 없습니다. 거기에서 내가 원하는 것을 얻을 수 없기 때문입니다. 이런 것도 우리가 거부할 수 있는 방식이죠. 천천히 사람들이 알게 해야 합니다. 우리가 이 사회, 이런 소비 형식을 거부할 수 있다는 것을요. 미국 아이오와 주의 한 도시에서는 시민들이 직접 채소 농사를 지어 가까운 사람들끼리 사고팝니다. 그들은 정부에 세금을 내지 않습니다. 이 또한 일종의 대항입니다. 미약하지만 그 안에는 엄연한 힘이 존재합니다.

○ 고독으로 내면의 힘을 단련할 수 있다는 뜻인가요?

● 고독은 기량을 키우는 요소입니다. 자기 자신과 함께함으로써

자신이 사고할 수 있는 능력이 있음을 믿게 됩니다. 그러면 바깥세상이 계속 변하고 정보가 넘쳐나도 평온하게 판단하고 선택할 수 있을 것입니다. 타인에게 휘둘리지 않고서 스스로 판단하고 선택하는 거죠.

사르트르의 소설 『벽』에서 레지스탕스였던 주인공은 잡혀가서 총살을 언도받습니다. 그리고 벽을 마주합니다. 자신과 대면하는 거죠. 사르트르도 말합니다. 자신의 공포와 죽음을 함께 나눌 사람은 아무도 없다고요. 오로지 한 사람, 홀로 그것과 마주해야 했습니다.

○ **고독 역시 무섭지만 결국 스스로 내딛을 수밖에 없는 길이네요.**

● 고독을 두려워하지 마세요. 두려움은 외로움과 황량함을 부릅니다. 지금 하고자 하는 바로 그 일을 하면 됩니다. 용기를 내세요.

『사피엔스의 마음』은 어떤 답을 찾아주기보다는 새로운 물음을 가져가길 바라는 질문의 여정이었다. 자기 자신과 대화하도록 자극하고 싶었고, 그 길만이 전체 사회의 성숙한 선택을 이끈다고 믿었다. 장쉰과의 대화에서 담아 온 것도 대부분 물음이다. 질문하는 나 역시 선명한 답에 길들어 있었으므로 그와의 대화는 여러 달을 품고 있는데도 안개 속이었다. 결국 살아가는 것일 터. 삶의 답은 내가 살아가는 방식에서 드러날 것이므로 그가 말한 '사고의 고독'을 마음에 새기는 것이 최선의 길일 것이다.

장쉰은 1970년대 격동하는 유럽에서 청년기를 보내고 소용돌이 치는 타이완으로 돌아왔다. 청년들을 격려하며 목소리를 높이던 그가 지금은 모두에게 고독을 권한다.

고독, 스스로를 홀로 두며 스스로가 삶을 바꾸고 세상을 바꿀 수 있는 유일한 존재라는 자각을 이루는 자리. 장쉰은 찾아오는 손님에게 방석을 건네듯 고독이라는 자리에 앉도록 안내한다. 돌아보니 그가 타인에게 들일 수 있는 최고의 정성을 담았음을 알겠다. 장쉰은 사자처럼 강렬한 눈빛과는 대조되는 온화한 미소로 고독을 안내했다. 각자의 고독 속에서 누군가는 반드시 스스로를 세워내는 존엄의 자리로 다가가기를 기대해본다.

장쉰

(蔣勳, 1947년~)

시인이자 소설가, 문학평론가, 화가다. 문학, 예술, 미학을 하나로 꿰는 대가일 뿐 아니라 타이완의 정신적인 지주이기도 하다. '미학의 대가', '타이완 문학의 정신적 지주' 혹은 '계몽자'로 평가받는다. 미술 잡지인 월간 《라이언(Lion)》 편집장, 둥하이 대학교 미술학과 학과장을 역임했고, 현재 《롄허(聯合)》 문학 사장으로 재직 중이다. 예술평론집 『아름다움에 대한 사유』, 『쉬페이훙(徐飛鴻)』, 『치바이스(齊白石)』, 『미켈란젤로 분석』, 『하늘과 땅에 있는 아름다움』, 『미(美)에 대학 각성』 등을 썼고, 에세이 『섬의 독백』, 『감탄 예찬』, 『도량과 산』 등과 시집 『소년 중국』, 『어머니』, 『다정다감하게 웃다』, 『축복』, 『눈앞에는 바로 그림과 같은 강산』, 『구만 리 같은 앞길』 등을 펴냈다. 소설 『새로운 전설』, 『감정 조절이 안 되다』, 『Ly's M에게 쓰다』, 『왜냐하면 고독하기 때문에』, 『비밀 휴가』 등을 발표했다. 한국에는 『고독육강』이 번역됐다.

Interview Date 2015. 07. 01
Interview Place 타이베이 바오칭루 서점 회의실
Photo Credit 장준희
Interpreter 김가원 · 국립타이완사범대학 평생교육원 한국어 강사

누가 내 안의 선악 단추를 누르는가

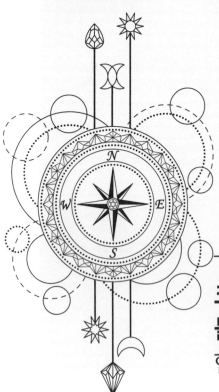

크리스티앙 볼탕스키
현대미술가

자식을 두 명 이상 둔 부모들을 유심히 살펴보던 때가 있었다. 그리고 맏이와 그 아래 자녀를 대하는 태도와 부모의 출생 순서 사이에 관련이 있음을 발견했다. 물론 개인적인 관심으로 들여다본 지인들의 심리 패턴이다. 첫째인 부모는 맏이의 입장에 더 자신을 투사하고, 동생으로 자란 부모는 나이 어린 약자의 지위를 강조하며 맏이에게 양보를 권하는 편이었다. 물론 장자(長子) 중심의 가부장적 가정이라면 첫째를 우선하겠지만 그러면서도 둘째, 셋째의 대우에는 차이를 보인다. 음식이나 물건을 동등하게 나눠주면서 "어려서 지긋지긋하게 차별 대우를 받아서 동생들의 심정을 잘 안다"고 말하곤 한다.

  첫째와 둘째가 성장 후에 자녀를 대하는 태도에 차이를 보인다고 단순화하기에는 무리가 있음을 안다. 대상으로 삼은 표본도 적고, 사회적으로 약자를 배려하는 문화일수록 아래 서열을 존중하니까. 그렇지만 인간 심리에는 자신의 경험을 바탕으로 타인의 감정으로 전이하는 패턴이 있다. 경험한 상황은 쉽게 역지사지한다. 물론 인간이기에 우리에게 경험하지 못하면 이해하지 못한다는 역설은 작동하지 않는다. 공감 능력이라는 본능이 있기 때문이다. 인간의 보편적인 심리에 관해 더 충분히 알게 된다면, 이성을 자주 동원해 생각한다면 감각은 더욱 열릴 것이며, 이해의 폭은 훨씬 넓어질 것이다. 마주 앉은 사람의 어깨에 떨어진 거미를 보고 몸을 움츠리듯, 바닷가에 떠밀려 온 시리아 난민 아이의 주검을 보고 눈물을 흘리는 것이 현대를 사는 우리다.

치유와 용서는 가능한가

그렇다면 우리 공감을 가로막는 장벽은 무엇일까? 내 편(in-group)과 네 편(out-group)으로 진영을 나누며 금 긋는 마음의 벽은 어떻게 순식간에 세워지고 견고해지는 것일까? 우리 안에 내재된 편 가르기 본능이 전쟁으로까지 점화될 수 있는 화력 가운데 하나는 트라우마가 아닐까 싶다. 특정 세력이 자신의 이익을 위해 고의로 갈등을 조장했는데도 집단의 대립으로 번질 때 그 불씨로 작동했던 것이 개인들 안에 새겨진 마음의 상처, 살아 있는 기억이었던 상황들이 허다하다.

트라우마 없는 개인은 없다. 역사적인 트라우마 없는 민족이나 국가도 존재하지 않는다. 인간은 과연 스스로의 트라우마에서 한 발 내

딛고 나와 타인의 트라우마를 객관적으로 이해할 수 있을까? 이해는 화해를 부르는 시작일 텐데, 과연 치유와 용서란 가능한 일인지.

나이 들어 부모의 입장을 이해할 수 있게 됐다고 말하는 중년을 자주 만난다. "엄마도 나와 비슷한 트라우마를 갖고 있었던 거야." "아버지도 욕망에 약할 수밖에 없는 지극히 평범한 인간이었어." 여기서 한 발 더 나아가 제노사이드나 전쟁처럼 충격적인 기만과 힘에 억압당했을 때 인간은 살아 있는 동안 스스로를 구원할 수 있을지?

나는 제노사이드 한복판에서 태어나 성장한 크리스티앙 볼탕스키와 '화해'에 관해 이야기를 나눴다. 그가 다다른 치유의 길은 인간의 보편적인 심리에 대한 깊은 이해였다. 인간의 마음은 선과 악으로 구별되지 않는다는 진실 아래 우리 안에 작동하는 선과 악의 모습을 보여줬다. 여기에 모든 일은 우연으로 시작된다는 점과 모든 인간은 죽는다는 점을 더해 인간의 행동에 대한 이해를 확장시켰다. 그는 프랑스를 대표하는 현대미술가이며 당대의 거장이다. 사십 년 넘게 활동하며 작품으로 전 세계 관객에게 질문을 던져왔다. 철학자의 풍모가 진하다.

"모두 죽었다"

크리스티앙 볼탕스키는 제2차 세계대전이 막바지로 치닫던 1944년 파리에서 태어났다. 아버지는 유대인이고 어머니는 프랑스인이다. 유대인들이 강제수용소로 끌려가던 1941년 어느 밤, 부부는 동네 사람들이 다 들을 정도로 떠들썩하게 싸웠다. 그런 다음 아버지는 마루 밑 비밀 창고로 숨었고, 어머니는 남편의 가출 신고를 했다. 아버지가 사라지고 삼 년 뒤 볼탕스키가 태어났다. 아이의 아버지가 누구인지 의심하는 이웃의 따가운 시선을 견뎌야 했지만 어머니는 식구가 모두 살아 있다는 데 안도했다.

전쟁이 끝난 뒤에도 가족은 한시도 떨어지지 않고 뭉쳐 다녔다. 초등학교를 중도에 그만둔 볼탕스키는 주중에는 의사인 아버지와 함께 병원에서, 주말이면 소설가이자 공산당원인 어머니와 함께 문화 예술인 모임에서 시간을 보냈다. 그가 예술가로 성장하는 데는 두 형의 영향이 컸다. 그보다 열두 살 많은 큰형은 세계적인 언어학자인 장 엘리 볼탕스키, 다섯 살 많은 작은형은 세계적인 사회학자인 뤽 볼탕스키다.

매일 아침 아버지의 병원에서 볼탕스키는 지나다니는 사람들을 관찰했다. 창문에 붙어 서서 거리 위 세상을 읽었다. 아홉 살이던 어느 날, 소년은 눈에 들어오는 사람들을 세기 시작했다. 한 명, 두 명, 세 명…… 그러다 6백만 명이 됐을 때 중얼거렸다. "모두 죽었다." 유대인 수용소에서 죽은 사람이 6백만 명이라는 사실을 볼탕스키는 그렇게 이해하려 했다. 그 후 아티스트로서 전쟁 속 죽음을 넘어 보편적인 죽음이라는 근원으로 들어갔고, 대량 집단 학살이 반복되는 인간의 역사를 꿰뚫어 보고자 탐구했다. 파리 근교 말라코프에 있는 스튜디오에서 그를 만났다.

존재에 대하여

○ 당신은 늘 사람들을 주제로 작업했습니다. 여러 나라 사람들의 심장 박동 소리를 들려주면서 거대한 크레인이 누군가 입던 헌 옷을 옮기는 곳을 거닐게도 했고, 1930년대 사람들의 흑백사진에 알전구를 비추며 사물함을 전시하기도 했죠. 여러 사람의 이미지를 통해 관객에게 존재에 대한 물음을 던져왔어요.

● 내 작업에는 아주 많은 사람이 나오죠. 왕이나 왕자에 대한 이야기는 없습니다. 내게는 세상 사람들이 다 소중해요. 아티스트로서 세상을 기록하는 내 방식이죠. 시대의 목격자가 되고자, 관객의 기억과 고정관념을 흔들어 민낯을 마주하도록 안내하려고 합니다. 작가는 관객에게 거울을 비추는 사람입니다. 사람들은 내 작품을 보면서 "오! 이건 내 이야기야"라고 말합니다. 작품 속에서 자기 자신을 알아차리는 거죠. 우리는 경험하지 못한 일에 대해 알기가 어려워요. 당신한테 편두통이 있어 아프다고 하면 내가 이해할 수 있나요? 우리가 소통할 수 있는 방법은 당신과 나 사이에 어떤 것이 있고 그 속에서 함께하는 것뿐입니다. 아티스트는 자기 작품이 관객의 마음을 흔들어 불러내는 그 어떤 것이 되도록 작동시키려는 거죠. 관객은 작가의 느낌을 가져가는 것이 아니라 자신을 자극하는 부분적인 느낌을 공유할 뿐입니다.

○ 제2차 세계대전이 한창이던 시절의 아이들 사진을 알전구로 비추는 작품이 여러 편 있습니다. 퐁피두 센터에도 상설 전시되어 있죠. 초등학교

크리스티앙 볼탕스키

졸업 앨범을 연상시키는 한편, 나치에 희생된 유대인 어린이들의 사진 같다가도 현재 세계 곳곳에서 벌어지는 전쟁의 참상을 떠오르게 했습니다.

● 그 아이들은 전쟁과 상관이 없습니다. 내 작품에 등장한 아이들은 스위스 아이들입니다. 전쟁이 비껴간 평화의 상징이에요. 제목에도 나와 있죠.

○ 작품명을 확인했지만 이미지에 눌려 글자가 전하는 의미는 그냥 흘려버렸어요. 세계대전 당시라면 당연히 전쟁 희생자려니 여기면서 제 안에 가둬둔 적을 불러내어 원망했나 봅니다.

● 고정된 생각들이 있습니다. 당신과 생각이 다른 사람은 또 다른 상대를 불러내어 원망할 수 있겠죠. 그 시절을 아무 생각 없이 살았을, 얼마 전에 돌아가신 할아버지나 할머니를 떠올리는 사람도 있겠고요. 전시된 수많은 사물함에서 관객은 자신만의 기억을 꺼내 들 것입니다.

○ 작품에 사용된 사진들이 흐릿합니다. 일부러 인화할 때 값싼 재질에 싸구려 인쇄를 하신다고요?

● 세상에 선명한 진실은 별로 없잖아요. 또 그래야 각자 자신을 투영해보기 쉽고요. 예술은 정교하지 않을 때 포용력이 커지고, 보는 이들이 각자 자기가 원하는 것을 가져갈 수 있어요. 꽉 차고 선명하면 관객이 마음 붙일 데가 없어집니다.

일본에서 처음 전시했을 때 일본 사람들은 내가 일본의 선(禪) 문화를 잘 이해한다며 좋아했습니다. 급기야 내 할아버지가 일본 사람이었을 거라고 우기기까지 했어요. 아프리카 사람들은 내 작품에서 아프리카 정신을 본다고 평하더군요. 이럴 때 기분이 참 좋아요. 우리는 한 명 한 명 특별하지만 동시에 보편적이라서 모든 사람이 어떤 부분에서는 하나로 묶일 수 있거든요. 각자의 이야기를 작품에 넣어가며 소통을 고리처럼 이어갈 때 행복합니다. 내가 만들었지만 관객이 이야기를 채워주는 그 과정이 정말 좋아요. 그것을 가능하게 하는 기본 바탕이 바로 질문입니다. 작가라면 무엇보다 세상을 향해 큰 질문을 던져야 합니다.

가장 큰 질문 가운데 하나는 죽음이에요. 죽는 이유를 찾고자, 죽음의 의미를 찾고자 신을 찾습니다. 만약 당신이 스튜디오 밖을 나서는 순간 차가 돌진해 와서 죽는다면 이는 우연일까요, 운명일까요?

○ 우연이 아닐까요? 그것도 억울한 우연이겠는걸요. 마흔네 살에 죽을 확률은 낮은 편이니까요.

● 답은 없습니다. 오직 질문뿐이에요. 질문은 또 다른 질문을 부르죠. 끝이 없습니다. 우리가 어떤 깨우침을 얻고 나면 반드시 거기에는 또 다른 현실이 찾아오거든요. 계속 끝없이 이어지죠. 다소 차이는 있겠지만, 질문하기는 지구에 사는 모든 사람에게 매우 중요한 일입니다.

○ 사람들은 '나를 치유해주세요, 이해시켜주세요'라고 부탁을 합니다.

● 답을 아는 것은 편안한 기분을 주죠. 하지만 답은 없어요. 물론 신부님은 답을 주겠지만, 작가는 그럴 수 없어요. 이것이 아티스트와

종교인의 차이입니다.

○ 동아시아 문화는 특히 인과론에 따른 사고에 익숙합니다. 원인과 결과가 정해져 있다고 생각하죠.

● 나는 정해진 것은 없다고 생각합니다. 우연의 조합이죠. 우리가 세상에 존재하는 배경 역시 우연에 의해서입니다. 나나 당신이나 우리 부모들이 딱 그 시간에 사랑을 나눴기 때문에 지금 여기 존재하는 것입니다. 이 분만 늦게 사랑을 나눴어도 다른 누군가가 있을 거예요. 얼굴도 누군가가 빚어낸 것이 아니라 먼저 태어난 사람들의 우연적인 조합이죠. 당신은 기억하지 못하지만 당신의 얼굴에는 증조모의 눈, 고조부의 코가 있어요. 그들이 선택해서 나눈 사랑의 행위가 우리 안에 우연의 조합처럼 남아 있습니다. 마음의 경우에도 먼저 왔던 사람들이 우리 내면에 한 자리 정도 차지하는 거고요. 문화적인 환경이 우리를 길렀고, 이는 우리 조상들이 만들어낸 것이죠. 이 모든 것이 예정되어 있었다고 생각하지 않습니다.

○ 우연을 강조하는데 운명을 배제하며 인간의 의지에 무게를 두는 것인가요?

● 네, 의지는 변화를 만들어낼 수 있으니까요.

○ 당신은 유대인입니다. 유대인은 선민의식을 갖고 있다고들 말합니다. 신이 선택한 사람들이라는 자부심요. 이런 마음은 유일신을 믿는 다른 신자들에게서도 공통적으로 반복되는 서사입니다.

● 나는 유대인이 아니에요. 아버지가 유대인이죠. 굳이 말하자면 반쪽 유대인이라고나 할까요. 유대교는 기독교의 원형으로 선택됐다는 아이디어가 있죠. 신이 일부 사람들에게 이야기했고 그들은 신에 의해 선택받았다는 생각요. 하지만 나는 그렇게 믿지 않습니다. 신은 '모든 사람'을 선택했어요. 만약 신이 있다면요.

'무엇을 선택했는가?' 이것은 자물쇠예요. 우리는 그 자물쇠를 풀어 답으로 열어줄 열쇠를 찾고 있어요. 문을 열고 싶어 합니다. 그 문 뒤에 무엇이 있는지 알고 싶어 하죠. 수도승도 철학자도 아티스트도 마찬가지입니다.

그 문을 열고자 하는 것과 우리가 다른 사람의 생각을 알고 싶어 하는 것은 같은 행위입니다. 당신이 파리에서 누군가를 만났어요. 그 사람을 알고 싶어요. 그러면 어떻게 하나요? 이해하려고 합니다. 바로 열쇠를 찾는 것이죠. 나는 세상에 하나의 선한 열쇠만 존재한다고 생각하지 않습니다. 그래서 열쇠보다는 열쇠를 찾는 행위가 더 중요한 거예요. 왜냐하면 그것이 우리가 인간이 되어가는 과정이기 때문입니다.

죽음에 대하여

○ "인간이 인간을 이해하려는 노력이 인간이 되어가는 과정이다." 묵직하게 와닿습니다. 그 과정에 들어서기 위해 당신은 어떤 열쇠를 찾나요?

● '왜 죽는가?' 이 질문은 아주 독보적입니다. 우리 모두에게 중요

한 질문이죠. 당신도 나도 완전히 사라질 거예요. 삼 대가 지나면 누구도 우리를 기억하지 못해요. 각자는 참으로 특별하고 중요하지만 다른 한편으로는 매우 취약해서 빨리 사라집니다. 그런데 현대는 죽음을 거부해요. 여기서 다음 질문이 이어지죠. '왜 죽음을 차단하는 가?' 많은 문제가 생기고 있어요. 내가 어렸을 때만 해도 집안에는 늘 누군가가 돌아가셨어요. 아이들이 할아버지의 죽음, 이웃의 죽음을 목격하면서 자연스럽게 소멸이 오는 시간을 터득해나갔어요. 그런데 현대는 누구나 죽는다는 진실을 금기시합니다. 죽어간다는 말 대신 늙어간다고 해요. 지금은 죽어감이 가상의 이미지가 되었어요. "이제는 다들 병원에 있다가 거기서 그렇게 끝날 것이다." 내가 농담처럼 하는 말이에요.

○ 죽음을 옆에 두고 사는 삶을 깨우치면 물 한 잔이라도 공손히 전할 것 같습니다. 나의 한계, 타인의 한계를 인정하면서요.

● 내 마지막 필름 작품의 소재는 내 죽음입니다. 이 스튜디오에 카메라 다섯 대가 설치되어 있어요. 태즈메이니아 도박사가 녹화하고 있죠. 그가 오 년 전에 내기를 걸어왔어요. 자기는 한 번도 돈을 잃어본 적이 없다, 그런데 내가 구 년 안에 죽을 것이 확실하다면서 계약을 하자는 거예요. 여기서 녹화되는 필름은 전부 그가 소장해요. 나는 일정 금액을 꼬박꼬박 지급받습니다. 내가 오래 살수록 그는 돈을 잃겠죠. 작품 전개와 내기의 내용에 대해서는 자세히 약정했어요. 이제 사 년 남았습니다. 그 후에는 내가 이기는 거죠.

○ 이기시길 바랍니다.

● 한 삼십 년은 더 살고 싶어요. 하지만 지금 일흔이니까 사 년 안에 죽을 가능성이 확실히 더 높죠. 사실 내가 그 안에 죽는 것이 훨씬 정상적이에요. 내가 죽으면 공개될 이 필름에는 계단 오르는 것도 힘에 부쳐서 중간에 쉬는 늙은이가 나올 수도 있을 거예요. 오래 산다면요. 이 모두가 죽음으로 가는 모습입니다. 슬프지만 정상이에요.

○ 이곳에 오는 동안 퐁피두 센터 앞에 거대한 검은 휘장이 드리워져 있는 것을 봤습니다. "우리는 샤를리다(Nous Sommes Charlie)"라고 쓰여 있었어요. 파리 시청에도 걸개그림처럼 드리워져 있더군요. 이슬람을 조롱하는 만평을 실었다는 이유로 샤를리 앱도를 테러한다는 것은 황당하고 가슴 아프지만, 이미 만연한 이슬람 차별을 생각하니 안타깝기도 합니다. 테러를 자행한 아랍 청년들의 행동이 제3자에게는 수탈당한 가난한 나라 사람들의 저항으로도 보이니까요.

● 매우 슬픈 현실이죠. 선한 사람들이 죽었으니까요. 그런데 프랑스인들이 더 크게 충격을 받은 이유는 총탄 테러여서가 아니에요. 우리 정서 속에서 매우 터부시해온 종교 때문에 테러를 자행한다는 데 굉장히 놀랐습니다. 프랑스는 종교를 미워하고 섹스와 와인을 사랑해요. 매우 오랜 전통이죠. 18세기 볼테르의 정신이고, 오늘날 프랑스인에게 아주 익숙한 사고입니다. 그런데 종교를 위해 사람을 죽이다니요. 아랍 청년들은 무슬림을 모독한 자는 죽여도 된다고 생각했어요. 왜곡된 인문 정신에 조종당했기 때문입니다. 하지만 정작 테러를 저지른 그들은 어떤가요? 다들 가난한 파리 사람들이고 결국 경찰에

의해 어린 나이에 사살됐습니다.

그동안 역사가 가르쳐준 지독한 교훈들이 있습니다. 유토피아를 좇는 일은 매우 위험하다는 사실이죠. 서구 기독교인들도 많은 사람을 죽였습니다. 남아메리카 원주민들이 기독교를 믿지 않겠다고 하자 집단 살육을 했죠. 이는 내가 종교와 거리를 두는 이유이기도 해요. 당신이 유토피아를 믿는다면 당신도 위험한 사람입니다.

프랑스에는 정교 분리의 정신, 종교를 멀리하는 조심성이 강합니다. 종교는 자신은 옳고 다른 사람은 틀리다는 오류에 빠져들게 할 수 있어요. 최악은 내 종교 말고 다른 종교는 다 무지하다는 생각입니다. 나는 아마존 사람들의 전통 종교도 좋을 거라고 확신해요.

○ 이념이나 사상 역시 종교처럼 작동합니다. 많은 희생을 가져왔어요. 전체주의 방식으로 밀어붙이는 경제개발도 일종의 유토피아를 좇는 일에 속합니다. 집단의 전체주의 못지않게 개인 안에서 작동하는 파시즘 성향도 있습니다. 대중이 자극에 의해 쉽게 마녀사냥에 동조하는 경향은 SNS에서 쉽게 확인됩니다. 수시로 '악인'이 등장하고 비난 댓글이 들끓죠. 언어폭력, 신상털이가 난무하는 여론 심판이 거세게 일어납니다.

● 악한 사람이 따로 있지 않아요. 또 성격이 악독해서 악인인 것은 아니죠. 누구나 권력을 쥐면 휘두릅니다. 그래서 누군가에게 권력을 위임할 때는 신중해야 합니다. 사람들은 인자한 모습을 보이다가도 곧 누군가를 죽일 수 있거든요. 어느 순간 모든 유대인과 이발사를 몰살할 수도 있어요. 대중의 인기를 업고 힘을 얻은 강력한 사람이 나와서 "이제 우리는 모든 유대인과 이발사를 죽여야 합니다"

라고 외치자, 사람들은 "하필 왜 이발사죠?"라고 물었습니다. 하지만 유대인을 죽여야 하는 이유에 관해서는 아무런 질문이 없었습니다. 이미 일어난 일이죠.

만약 내일 한 정치가가 나와서 머리가 긴 소녀를 모두 죽여야 한다고 말하면 어떻게 될까요? 사람들은 긴 머리 소녀들을 찾아 나설 것입니다. 그래서 권력을 위임받는 정치인이 중요하기도 하고 위험하기도 한 거예요. 인간은 매우 선한 일을 할 수도 있고 아주 악한 일을 할 수도 있습니다. 그리고 권력을 쥐면 두려움은 사라집니다.

예전에 파리에는 '유대인은 반려동물을 키울 수 없다'는 고약한 법이 있었습니다. 하루는 우리 고양이가 이웃집에 오줌을 쌌어요. 그날 저녁, 옆집 아주머니가 우리 집으로 찾아왔어요. 정말 좋은 이웃이었는데, 오늘 밤 안에 당장 고양이를 죽이지 않으면 경찰에 고발하겠다고 으름장을 놓더군요. 그날 우리 고양이는 죽었습니다. 이것은 권한을 갖게 된 보통 사람들의 이야기입니다.

○ 스스로에게 거듭 묻다 보면, 결국 내가 좋으면 취하고 싫으면 버리는 것 같습니다. 이성으로 옳고 그름을 판단하기보다는 내 몸이 안전하고 편안한 선택을 하죠.

● 세계대전 동안 일본 사람들은 대단히 잔인했어요. 한국 소녀들을 납치해도 된다는 권력을 만들어 휘둘렀죠. 사람 사냥을 한 그들을 향해 나쁘다고 말할 수 있지만, 확신하건대 한국인을 고문한 일본 사람들도 가정에서는 가족을 사랑하는 아주 좋은 아들이자 가장이었을 거예요. 각자의 내면에 양면성이 존재하는 거죠.

크리스티앙 볼탕스키   **217**

내 연배의 독일 친구들한테 아버지에 대해 물어봤습니다. 다들 아버지를 사랑하며 참 멋진 남자라고 기억하더군요. 그러고는 "아버지는 나치였다"고 풀죽은 표정으로 말했습니다.

예술에 대하여

○ 당신과 절친한 행위예술가 마리나 아브라모비치를 인터뷰하면서 예술가가 세상을 살릴 수 있냐고 물은 적이 있습니다. 마리나는 아니라며 고개를 가로저었습니다.

● 절대 아니죠. 자, 나치도 슈베르트를 사랑합니다. 나도 슈베르트를 사랑하고요. 슈베르트의 음악을 깊이 감상하고 난 오후에 나치 군인은 여전히 사람을 죽였습니다. 내가 예술이 사람들을 변화시킬 수 있을 거라 생각하지 않는 이유예요. 아티스트가 세상을 바꿀 수 있다면 세상은 훨씬 나아졌어야죠. 아티스트가 그래도 하나쯤은 개선하는 데 자극이 될 수는 있겠다고 희망을 가져보긴 합니다만……

○ 마리나는 용서만이 역사를 반복하지 않는 열쇠라고 말했습니다. 육십대의 유대인 심리학자에게 이 말을 들려준 적이 있어요. 그녀는 동의하지 않았습니다. 자신이 캘리포니아에서 자랐다면 동의할 수도 있겠지만, 전쟁 생존자에게 둘러싸여 폴란드에서 유년기를 보낸 사람으로서 절대 동의할 수 없다고 했어요.

● 그럼에도 우리는 서로를 사랑하려고 반드시 노력해야 합니다.

잠시만 실례하겠습니다. 보여줄 것이 있어요. (스튜디오의 다른 방에 다녀온 후) 내가 만든 사진첩입니다. 독일 벼룩시장에서 찾은 1940년대 사진들로 만들었어요. 여기 나치 장교 가족이 보이죠? 아빠가 아들을 안고 뽀뽀를 해요. 그들도 어린이를 사랑합니다. 크리스마스트리도 좋아하고요. 나치는 매우 달콤한 사람들이에요. 청춘들이 키스하죠? 사랑스럽지 않나요?

우리가 무시무시하게 생긴 악마와 마주한다면 분명한 결론을 내릴 수 있을 것입니다. 그런데 악마는 바로 우리 안에 있어요. 우리가 악마의 일부예요. 그래서 어려운 것입니다.

○ 언제 그 점을 깨달으셨나요? 당신의 어머니가 유대인 예술가들이며 생존자들과 많이 활동했다고 들었습니다. 친척을 통해서도 학살의 기억을 들으며 자랐을 테죠. 그렇지만 당신은 젊은 시절부터 꾸준히 작품에서 인간 본질에 관해 마리나와 같은 화해의 메시지를 전해왔어요.

● 네다섯 살이었을 거예요. 사람들은 모두 위험할 수 있다는 말을 무수히 들었어요. 사람들이 무서웠죠. 그때부터 생각했어요. '그들이 정말 나쁜 사람일까? 왜 그랬을까?' 그리고 이해하려고 노력했어요. 그들은 분명히 나쁜 짓을 했습니다. 그렇다면 나는 어떨까요? 권한이 생긴다면 나 또한 어린아이를 죽일 수 있는 거죠. 멀쩡한 이웃이 고발하는 것을 이해하게 됐습니다. 그 후로 사람들을 두려워하기보다는 우리 내면의 선과 악을 조정하는 권력을 주시했어요. 사람이 원인이 아니에요. 우리 내면의 단추를 누르는 것이 종교인지, 정치인지, 자본인지, 언론인지를 살펴야 합니다.

220

제2차 세계대전이 끝나자 프랑스 거리에는 머리카락이 잘리고 벌 거벗겨져 조리돌림을 당하는 여자들이 많았어요. 프랑스 사람들이 프랑스 여성들을 고문하며 끌고 다녔죠. 독일 병사와 사랑에 빠졌던 젊은 프랑스 여인들이었어요. 앳된 소녀들도 있었죠. 진정한 사랑을 나눴을 뿐인데도 전쟁에서 승리한 프랑스 사람들은 그들을 무자비 하게 고문했습니다. 때때로 희생자들이 범죄자가 되기도 합니다. 성 난 군중도 위험해지기 쉬워요.

○ **매 순간 이성을 놓지 말아야 함을 깨닫습니다.**

● 나는 인간은 어떤 사람과도 마음으로 통할 수 있다고 확신합니 다. 전시 때문에 세계를 다니면서 길에서건 택시에서건 여러 사람을 만나면서 확인한 거예요. 처음에는 무뚝뚝하고 낯설어하며 나를 경 계하지만 곧 서로 친구가 되죠. 그래요, 우리는 참 좋은 사람도 될 수 있어요. 인간은 놀라운 존재입니다. 나는 모든 사람을 사랑합니다.

과연 누가 우리 안에 있는 선과 악의 단추를 누르는가? 우리는 매 순간 그것을 구분할 수 있을까? 볼탕스키는 행위에 집중하자고 말했 다. 그의 메시지를 정리하는 사이 예전에 섬광처럼 깨우침으로 다가 왔던 순간이 떠올랐다. 서른 초반, 우연히 어느 공부 모임에 참석했 을 때다. 많은 이들로부터 존경받는 한 분이 화제에 올랐다. 거기에 모인 사람들과도 친분이 오래된 이인데, 다들 그분의 최근 행동에 대 해 질타했다. 당황스러웠다. 옆에 앉은 어른에게 물었다. '학식이 높은 분인데 이렇게 몰아세워도 됩니까' 하고. 어른은 언성을 높였다. 학식이 높아도 도둑질을 하면 도둑놈이라며 일갈한다. 행동만이 존재를 드러낼 따름이라고. 지위와 배경에 눌려 행위의 본질을 미처 알아차리지 못해온 나를 돌아보게 됐다. 그럼에도 한 사람이 오랜 노력으로 이뤄낸 자리에 대해 그리 매정하게 배제시키는 모습이 의아했다.

그때의 경험은 몇 년을 두고 머릿속 한구석에 들러붙어 내 인식을 흔들었다. 행위를 가감 없이 들여다볼 수 있는 눈이란 무엇일까 고민하게 했다. 의도와 행위에 대한 구분으로까지 생각이 번졌다. 지위와 권위에 눌려 행위를 행위로 보지 못하는 나를 벗어나기는 오히려 쉬웠다. 지지부진하게 내 생각의 늪에서 허우적거린 부분은 '의도'였다. 결과와 의도가 갖는 관계가 반드시 일치하지 않는 지점이 있다. 결과가 나쁘다 하여 의도까지 악으로 규정해야 할까? 과연 의도는 행위를 평가할 때 어떤 위치에 놓여야 할까?

이분법적인 사고는 생각보다 우리 안에 여러 각으로 단단하게 자리 틀고 있다. 내가 마주하는 대상을 선인과 악인으로 나누며 평가하는 습관도 나 스스로의 사고와 판단이 아니라 남의 평가에 물들어 여론의 그림자로 영혼 없이 흘러가는 시간일 수 있다. 또한 각자의 경험과 트라우마에 갇혀 실제로 벌어지는 일의 본질을 놓치고 애써 달그림자만 보고 짖어댈 수도 있다. 개는 날아가는 막대를 쫓지만, 호랑이는 막대를 던진 자를 쫓는다고 한다. 과연 우리는 무엇을 쫓고 있을까? 빠르게 변화하는 현대이기에 쉬이 허위와 허세에 홀려 길 잃기 쉬운 시절이다.

크리스티앙 볼탕스키

(Christian Boltanski, 1944년~)

현대미술가. 조각, 사진, 회화, 필름, 설치 등의 작업을 해왔다. 1958년부터 그림을 그리기 시작했으며, 1960년대 말 아방가르드 단편영화를 선보이며 세상에 알려졌다. 1970년대 초에는 아르비방(Art Vivant, 살아 있는 미술) 그룹과 함께 색다른 방식으로 정치적 화법을 구사하는 작업을 했다. 구조주의 등 사회과학에 관심이 깊은 그는 미술관보다 대중의 생활공간에서 미술의 경계를 넓혀갔다. 수집가에게 팔려 가는 그림보다는 대중이 즐길 수 있는 공간인 미술관 전시용 작업들을 해왔으며, 또한 기차역이나 버려진 공간에서 전시를 열어 무작위의 대중에게 말을 걸기도 했다. 그의 작품은 파리 현대미술관, 쿤스트할레 빈, 시카고 현대미술관, 로스앤젤레스 현대미술관, 오슬로 국립현대미술관 등 세계 주요 미술관에서 상설 전시된다. 1972년·1977년·1987년 카셀 도쿠멘타, 1972년·1980년·2011년 베네치아 비엔날레에서 프랑스 대표 작가였다. 독일의 리히트쿤스트 프라이스(2002년)와 카이저 링 상(2002년), 일본의 프리미엄 임페리얼 상(2007년), 프랑스의 경계 없는 창작자 상(2007년) 등을 받았다.

Interview Date 2015. 01. 21
Interview Place 프랑스 말라코프 볼탕스키의 스튜디오
Photo Credit 노치욱

11
**마음과
욕망**

지금
워낭 소리를
따라가고 있는가

종림 스님
고려대장경연구소
이사장

"눈먼 말이 워낭 소리 따라간다"는 속담이 있다. 혹시 우리도 얼기설기 엮인 관계 속에서 소란에 이끌려 벼랑인 줄도 모르고 가는 것은 아닐까? 종림 스님은 서로를 묶고 있는 관계의 강도를 조금 느슨하게 풀어보자고 제안했다. 느슨한 여유 공간에서 스스로를 돌아보며, 나를 잡아끄는 끈 너머도 살피고, 세상도 점검하며 갈 수 있다고 했다. 관계망에서 나오는 갈등과 억압을 줄여보려는 스님의 묘다.

종림 스님과의 인터뷰는 고려대장경연구소가 있는 안암동 대원암에서 이뤄졌다. 처마에 눈이 덮여 있던 겨울과 무더위가 몰려오던 다음 해 여름, 두 차례 만났다. 겨울에 나눈 대화에서 영감을 얻어 당시 신문에 연재하던 이 원고의 제목을 떠올렸다. '문명, 인간이 만드는 길.'

오늘의 세상은 각자의 선택이 모여 만들어진 결과다. 그러므로 내일의 세상은 지금 우리의 선택에 달려 있다. 얼마나 가슴 뛰는 일인

가. 종림 스님과의 대화가 미시적인 일들을 각자의 눈으로 바라보는 기회로 작동하길 바란다. 피할 수 없는 선택의 순간이 있다. 하지만 조금은 여유를 갖고 그 시간을 지나가면 좋겠다.

스님과의 대화를 옮기며 애써 단어와 단어 사이의 해석을 삼갔다. 징검다리를 놓듯 지나가는 스님의 사유를 가능한 한 그대로 유지한 채 듣고자 했다. 아는 이에게 전달될 의미의 깊이가 자칫 독자의 해석을 도우려는 내 깜냥 안에 갇힐까 염려됐기 때문이다.

마음은 없다

○ 고단함에 어깻죽지가 오그라들 때마다 '마음을 찾는 여행'이라는 글귀가 사람들을 끌어당깁니다.

● 지금 불교에서 마음, 마음 그러는데 그런 식의 마음은 없어.

○ 왜죠?

● 없으니까 없지, 왜는.

○ 스님들은 마음공부를 하시는 분들이 아닌가요?

● 나는 오히려 갈등을 찾았지. 괴롭잖아, 뭔가 얽혀서. 그것을 해소하기를 원한 거지. 마음, 도(道)가 아니라.

○ 갈등을 해소하려면 어디서부터 시작하면 되나요?

● 그게 논리적 구조일 수도 있잖아. 어차피 이원(二元)이지. 생각과 현실의 차이, 또 내가 생각하는 '나'와 지금의 '나'가 어긋나는 것. 나는 그 갈등이 왜 나왔을까, 그 최초의 움직임이 무엇일까 하는 식으로 들어갔지.

○ 갈등은 흔히 뭔가를 바라기 때문에 나온다고들 하잖아요.
● 아니지. 기본적으로 깔려 있는 것 아닐까? 깔려 있는 거겠지.

○ 우리가 관계하며 사니까 그렇다는 뜻인가요?
● 관계하지 않아도 갈등은 생길 것 같은데. 혼자 있다고 갈등이 없을까? 혼자 있어도 갈등은 있지.

○ 전쟁을 겪고 고생하신 어른들은 먹고사는 일이 다급하면 마음의 갈등 같은 것은 끼어들 새도 없다고들 말씀하시죠. 요즘 같은 경쟁 시대에도 적용되는 것 같고요.
● 그러면 갈등이 해소될까? 절대 안 돼.

○ 다 아니라고 하시네요. 그렇다면 먼저 마음부터 찾고 갈등으로 넘어가면 안 될까요?
● 없는 게 찾는다고 찾아지겠나? (웃음)

○ 과학자들은 마음을 뇌의 작용으로 설명합니다. 그렇게 보면 실체가 있죠.

● 마음이라는 게 '뭔가가 작동하는 거다' 정도로 생각한다면 인정하지.

○ 법정 스님은 내 안에서 들리는 다른 목소리에 귀 기울이자 했고, 미국의 샬럿 조코 백은 참선하며 앉아 있는 내 몸, 이리저리 옮겨 가는 내 생각들을 관찰하는 나를 인식하자고 했습니다.

● 그런 식으로 보자면 태어날 때 나와 같이 깃든 혼, 영, 정신 등을 아예 떼어놓고 생각할 수도 있어. 대신 태어난 다음에 형성된 것을 마음이라고 한다면 경험을 '나'라고 생각할 수도 있지.

○ 제가 생각하는 상대는 내 프레임으로 본 이미지의 총합으로 다가왔어요. 거기에 비추어 '나' 또한 실체가 없을 수 있겠구나, 라고 어림짐작해본 적이 있습니다.

● 응, 경험이지. 그런데 내가 볼 때는 그것도 허상이라. 경험의 덩어리를 '나'라고 한다면, 경험을 빼버리면 내가 없어질까? 경험을 빼버려도 그 혼은 남아. 기억을 잃어버린 '나'는 있다는 말이지. 차라리 그런 식의 나라고 하면 물질적인 변화, 작용 등을 인정하는 게 낫지. 그러니까 인간이 가지고 있는 틀, 그것을 마음으로 보는 것이 오히려 확실성 있다고. 우리 눈이 볼 수 있는 틀! 그 정도 같으면 '나'라는 인간이라고 이야기해도 되지. 그리고 사람마다 그 틀은 어떤 의미에서든 조금은 다르겠지. 태어난 조건도 있고, 환경도 있으니까 그 정도까지는 내가 양보하지.

○ 스님이 없다고 하신 마음은 우리 의식으로 드러나는 감정, 판단 같은 작용을 포용하면서도 뛰어넘는 어떤 본질인 것 같습니다. 하지만 지금은 마음의 의미를, 현실을 바라보는 틀로 좁혀서 이야기하자는 뜻으로 받아들여지는데요. 요즘 한국 불교에서는 '나'를 찾는다는 말을 합니다. 많은 호응도 얻고요.

● 찾기는 뭘 찾아. 찾는 게 아니지. 그냥 물은 물, 1은 1. 그것을 바로 보는 것이어야지. 나는 그래. 그러니까 외부의 바깥에 있는 그것을 사실대로만 '여실지견(如實知見)'하는 거다, 이 말이지.

○ 있는 그대로 보기가 어렵잖아요. 다 자신의 감정, 환경, 경험, 이데올로기, 몸 상태 같은 프레임에 갇히니까요.

● 그런 프레임 속에 쌓여 있는 경험, 판단 같은 복닥거리는 것을 싹 빼버린 상태에서 세상을 쳐다보자는 거야. 그러면 있는 그대로 반영되겠지.

○ 매 순간 새 사람이 되고 새 상황이 되는 건가요?

● 보고 또 생각하고 그래야지. 거리를 두고 말이야.

○ 개인과 개인의 관계에서는 힘들어도 감정이나 평가를 내려놓고 보는 시도를 할 수 있겠지만, 조직적으로 얽혀 있는 사회나 권력의 움직임을 볼 때는 너무 순진한 게 아닐까요. 지나온 세월을 역사라고 하면, 그 속에 쌓인 관계의 힘이 오늘도 우리를 몰고 가잖아요.

● 사회적 관계도 마찬가지일 것 같은데. 너하고 나하고 선으로 딱

엮어 있다면 그 선을 끊기 전에는 (있는 그대로 보는 게) 안 되지. 부모와 자식도 선으로 이어져 있잖아, 직선으로 당겨진 선. 자식이 아프면 연결되어 있는 부모까지 상해. 상황을 볼 수가 없지. 돌아보고 잘못을 고치고, 아니면 좀 기다려주고 하는 여지가 없어. 그러니까 부모와 자식의 관계를 선이 아니라 차라리 점으로 얽혀 있다고 생각해봐. 점으로 얽혀 있어도 관계는 있어. 그러면 점 하나가 (영향을) 줄 때마다 뉴런이 가지를 치듯이 다른 관계가 될 거야. 선은 쭉쭉 다 뻗어가지만 점은 여기저기로 튀고, 비틀어도 튕겨 나가지. (떨어져 있으니 대상을) 쳐다볼 수 있어. 그러면 나도 상하고 남도 휘둘리게 되는 식의 직접적인 영향은 덜 받을 거야. 있는 그대로 볼 수 있고.

그렇지만 아무리 있는 그대로 쳐다본다고 해도 '내'가 쳐다본 거잖아. 거기에는 내 틀도 있는 거야. 똑같은 사물이라 해도 마음이 바뀌면 시각이 틀어지겠지. (컵을 돌려가며) 시각이 틀어지면 보는 각도가 달라져. 길쭉하게 보이던 컵을 요렇게 돌리면 한쪽에 손잡이가 달려 있는 게 보이잖아.

질서는 없다

○ 불교에서 말하는 '내가 바뀌면 세상이 바뀐다'는 말과 이어지네요. 남을 바꾸기는 어렵지만 나를 바꾸면 나와 연결되는 세상이 변할 수 있다는 말인데, 선으로 얽힌 그물이 아니라 점의 망이라도 세상이 요동칠 수 있을까요?

● 물결은 일겠지. 마음이 달라질 때는 그 마지막 각을 딱 트는 주

체가 달라진다는 이야기지. 그러면 보이는 세상도 바뀌지. 불교에서 말하는 '마음'은 서양 철학에서 말하는 '주체'와 제일 가까운 개념일 거야.

그리고 세상에서 말하는 질서 같은 것은 없어. 질서란 서로 부딪쳐서 만들어지는 것이거든. 기존 질서로 보면 새로 들어오는 것은 다 혼돈이지. 기존 질서는 권력, 이데올로기, 관습 등이 작용한 결과야. 즉 과거의 것이라는 말이지. 그런데 우리가 사는 것은 아직 오지 않은 것, 앞의 것, 즉 미래잖아. 아직 여기 없는 것이지. 없는 것을 왜 있는 것(기존 질서)으로 보고 옳다 그르다 말하지? 그건 아니거든.

여기 우리 셋이 있잖아. 자네한테 있는 것, 나한테 있는 것, 사진작가한테 있는 것이 탁 부딪치면 뭔가가 튀어나와. 없는 게 튀어나온다고. 그것까지 있는 거야. 존재하는 거지. 그게 존재라고. 그러니까 없는 것까지 보려고 해야지.

○ 그러려면 서로를 존중하는 자세가 있어야겠네요. 무엇인가가 나올 수 있는 여지를 염두에 두고 인정하며, 내 고집 같은 것은 내려놓는 자세요. 그러면 소외, 갈등도 좀 눅겠어요.

● 있는 것을 그냥 재료로 보면 되지 않을까?

○ 사회적으로 나아지는 변화를 하려면 다수가 편하고 무리 없는 세상, 적당한 합의 같은 것을 추구하면 좀 덜 억울할 것 같은데요.

● 그것은 다수를 좇는 다수결이지. 우리 셋이서 합의를 한다고 하면 보통 교집합을 찾잖아. 우리 셋이서 합의만 되면 나는 소를 잡아

먹어도 괜찮다고 생각해. 다 합의된 사항이니까. 우리 사는 데에서는 최선이 맞아. 그런데 말이지, 합의를 하는 세 사람이 나쁜 놈들이라도 합의된 사항이면 괜찮다고 할 수 있을까? 그래서 내가 생각한 것이 '공집합'이야. 자네도 마음을 비우고, 사진작가도 마음을 비우고, 나도 내 마음을 비우면 다 포개질 수 있지. 공집합은 열 개를 합해도 공이라. 안에 있는 사람이 다 인정하는 세상인 거지.

○ 나를 비우는 것이 욕망이나 탐욕을 내려놓고 바른 선택을 할 수 있는 길이라는 뜻이죠? 스스로 무엇을 원하는지, 원하는 바가 상황과 어떻게 조화될지 판단하는 데도 비움으로써 여실지견할 수 있다는 말씀으로 들립니다.

● 그렇게 각자 비워도 사회하고 똑같이 모일 수 있어. 이것도 집합이지. 이념이든 관념이든 내용을 빼버리면 세 개가 한 집합으로 가는 거지.

○ 다양성을 인정해주는 공존인가요?

● 그럼, 다양성을 인정해주면 되지. 그리고 최소한으로 추구할 수 있는 선을 그어주면 돼. 그래서 나는 불교에서 공을 설명하는 것이 공집합에 딱 떨어진다고 봐. 이것도 집합이거든. 100개를 더해도 그래봤자 0이라. 0이지만 하나야. 그러면 문제가 해결되지.

○ 구성원 각자가 자기 세상에서 존재하며 그 세상들이 다 합쳐져도 살 만하다는 건데 어떻게 비워낼까요? 저는 미하이 칙센트미하이의 이야기가 생각납니다. 르네상스, 문예부흥, 인본주의가 활성화될 수 있었던 것은 당시

수많은 천재가 느닷없이 나와서가 아니라 시대가 그 천재성이 드러나도록 개인들을 품어서 자유로운 정신이 예술로, 문학으로, 사상으로 꽃필 수 있었다고요.

● 그저께 이런 생각을 했어. 만일 지금 세상에 철인이나 도사가 나타났다고 해보자고. 아마 아무도 듣지 않을 테고, 지껄일 장(場)도 없을 거야. 별수 없이 혼자 농사짓고 살지 않을까? 들을 귀가 있어야 듣지. 그런 게 먹히는 장이 마련돼야 해. 아프리카 신비주의자들도 선(禪)적인 경험과 비슷한 것을 했을 거라고. 하지만 그것을 펼 장이 없어서 예언자의 탈을 쓰거나, 아니면 미친놈 취급을 받았겠지. 만일 한국의 선적인 풍토 속에 그런 이가 나타났다면 도사 취급을 받았을 테고. 그것을 품는 사회 분위기가 마련돼야 하는 것은 맞아.

○ 어떻게 하면 그 장을 펼 수 있을까요? 개인이 밝아지면 전체가 밝아질까요?

● (웃음) 맑은 개인이 모이면 맑아지지. 그런데 개개인이 다 맑아지기는 어렵지 않겠나. 아니면 틀을 만들면 어떨까? 좋은 놈, 나쁜 놈, 뭐한 놈 하는 영역을 구분 짓는 거지. 동네에서 조용히 살아야 할 나쁜 놈이 자기가 전체라고 착각하고 막 나댄다면, 너는 요 정도 권한만 누리라면서 그놈의 세계를 만들어주는 거지.

○ 시스템을 잘 정비하자는 뜻으로 다가옵니다. 또 그것도 합의 과정 같고요. 법 같은.

● 그것도 합의지, 합의를 만들어내는 거. 지금 우리가 할 수 있는

것은 합의를 구하는 최소 방안을 설정해야지. 각자가 의견을 내고 반칙 없이 조정되고 세상에 실행되는 그런 틀이 마련된다면 나는 그 안에서 망해도 좋다고 봐. 지금은 그조차 없으니까.

○ **그렇게 합의를 했다 해도 다시 뒤로 가고, 파기되고, 계속 요동치고, 힘의 우열로 바뀌곤 했잖아요?**

● 나는 문명은 진보나 발전을 했다고 생각해. 다만 인간은 나아지지 않았지. 도덕에는 진보가 없어. 되풀이할 뿐이지. 인간은 태어나면서부터가 시작이야. 옛날보다 우리가 더 도덕적인 놈으로 태어날까? 안 그래. 똑같이 태어나는 거야. 천 년 전이건, 2천 년 전이건.

그래서 내가 진짜 한다 그러면 이런 거 하고 싶어. 인간은 태어날 때부터 불평등하게 태어나. 남자, 여자, 부자, 빈자, 영리한 놈, 우둔한 놈. 평등은 없어. 태어날 때부터 이미 불평등한데, 어차피 불평등이 주어지는 거라면 두 개만 지키면 될 것 같아. 이미 태어나는 출발점은 다르잖아. 하지만 교육의 출발점은 줬으면 좋겠어. 교육만은. 교육 다음은 능력껏 살고, 또 죽을 때 평등하게 하면 되지.

○ **상속세 말인가요?**

● 그래, 상속세를 아주 강화해서 교육비로 쓰거나 해서 사회 출발점은 동등하게 하는 거지. 그곳에서 빨리 가는 놈, 느린 놈이 나오겠지만 그다음은 자유롭게 살게 놔두고, 죽을 때 그것을 공적인 것으로 돌리면 되지. 능력이 다른 것이야 어쩔 수 없고. 그리고 똑같은 사람이라도 같은 돈 가지고 써라 그러면 이거 사서 불려 오는 놈, 저거

사서 다 쓰고 오는 놈 다 다르잖아. 그래도 내가 좋아서 산다 그러면 그건 또 자유니까 지켜줘야지. 출발점과 도착점은 어느 정도 평등하게 맞춰줘야지. 그래야 가죽을 오려서 뭔가를 만들고 싶은 마음도 들고. 돈은 안 된다 싶어도 누군가 보고 좋구나 여겨지면 또 거기서 돈되는 데로도 갈 수 있는 기회도 얻고. 그렇게 재미난 세상이 돼야지.

○ 그렇지만 좀 억울하지 않을까요? 내가 열심히 해서 돈을 모은 이유는 자식들이 잘 먹고살게 해주고 싶어서인데.

● 그것은 이기주의지. 자기 능력으로 그만치 된 것도 있겠지만, 국가 기반이든지 주위 사람이든지 다 상호 간의 도움이 축적된 결과지. 지금 세상에 개인이 뛰어봐야 얼마나 뛰어오르겠냐고.

○ 개인이 안전하게 사업하려고 공군 조종사를 훈련시키거나 도로를 정비하거나 하지는 않죠.

● 그럼, 다 국가에서 세금을 거둬 대주는 거지.

욕망은 있다

○ 앞에서 점선 이야기를 하면서 다음 위치로 이동해서 관찰하며 그다음 지점을 선택할 수 있다고 하셨잖아요. 그 공간에서 밀려오는 관성을 끊고 틀수 있다는 것인데, 욕망을 제어하고 이성을 살려내서 나간다고도 볼 수 있겠네요.

● 우리는 개인적인 욕망은 절제해야 하고, 불교에서도 기본적으로 욕망을 없앤다고 하지. 그러나 실제로 그 욕망을 살아나게 하는 것이 바로 '공'이야. 욕망을 없애면 안 돼. 돌멩이는 욕망이 없어. 과연 그게 우리가 보는 가장 좋은 깨달음의 상태라고 말할 수 있을까? 욕망은 살려둬야 해. 보통 우리 삶은 돈을 위해서, 또 남을 위해서 남의 일을 해주면서 돌아가잖아. 그 속에서도 '아니야, 나는 내 좋아하는 것을 하겠어'라고 뚝딱거릴 거야. 그런데 그것은 돈이 안 되지. 그때 다른 사람이 보고는 '어, 재밌네' 그럴 수 있단 말이야. 그놈은 제 재미로 하는데 다른 사람이 좋아서 돈 주고 사고. 그러면 또 세상이 바뀌는 거지. 그런 욕망, 자기가 하고 싶어서 하는 일 그것이지. 그러니 대가를 바라지 않고, 남한테 피해도 안 주고, 내가 하고 싶은 일 하는 데서 살판이 생기는 거지.

○ 활기차게 공존하도록 하는 욕망을 살리는 시스템, 즉 공공 영역을 강화함으로써 가능하겠죠. 기본 소득을 포함한 여러 아이디어를 현실화해서 가속도를 내며 진행되는 불평등을 제어해야 하는데요. 불교에서 말하는 '탐진치(貪瞋癡, 탐욕·노여움·어리석음을 일컬으며 '삼독(三毒)'이라고 함)'에서 '탐'은 어떻게 하나요? 신자유주의 질서가 능력자를 위한 욕망 무제한 이용권을 허용했습니다. 하지만 욕심을 좀 덜어내야 남들 사는 것도 보이지 않을까요?

● 그것도 비우는 거지. 도움은 될 거야. 흔히 도덕적인 사회사업이 종교의 본류인 것처럼 말하는데, 나는 아니라고 생각해. 물론 사회도 유익하고 본인도 만족감 같은 것을 느끼면 좋은 거지. 그렇다고

그것을 종교의 주된 일이라고 끌어올리는 것은 아니라고 봐.

○ 그렇다면 종교의 주된 일은 무엇인가요?

● 몰라. (웃음) 불교에서 이야기하면 그렇지. '탐진치'에서 탐(貪)은 물건과의 관계, 보통 감각과의 관계야. 좋은 것, 따뜻한 것, 편한 것. 그건 밖의 물(物)하고의 관계이고, 고게 기본 욕망이지. 진(瞋)은 대상하고 생겼다고 해. 진. 성내는 거. 진은 어떤 사람이 참 잘해도 너는 저거 꼴 보기 싫다 그럴 수 있어. 그건 대상보다는 자기한테 문제가 있는 거지. 자기가 도덕적으로 자제를 하면 어느 정도 돼. 그러니까 불교에서 한다고 하면 무지(癡, 어리석음)를 깨우쳐줘야. 세상을 쳐다보는 눈. 무지는 바로 보게 해주는 거지. 밖의 것을. 내 앞에 드러나는 현상들을 바로 보도록 깨우쳐주는 거야. 그러면 보통 아등바등 나를 해치지는 않아. 사람들이 고통스럽다, 아프다 그럴 때는 대부분 현상을 있는 그대로 못 보고 자기 프레임에 걸려서 그러거든. 그래, 세상을 바로 쳐다보게 해주는 거지.

○ '나'를 우리가 보는 틀로 규정했는데, 그렇다면 내가 죽으면 마음 혹은 '나'가 사라지나요?

● 없어지지. 그러면 어디로 가냐? 왜? 있어야 되는 거야? 어차피 우리는 이렇게 모였다가 흩어지는 거잖아. 흩어진 조각 하나를 '나'라고 할 수 있을까? 우리는 지금 여기에 모인 상태잖아. 죽으면 모인 상태가 흩어져서 조건이 달라지는 거고. 흩어진 파편을 '나'라고 이해할 수는 없지. 해체되면 없는 거야.

○ 다 흩어져도 핵심의 뭔가는 다음 생으로 이어지지 않나요? 아쉬운데요.

● 그렇게 생각한다면, 그 흩어진 파편이 다 남아 있지. 어디 가나. 그렇다고 내 몸쪼가리에서 나온 그 수소 쪼가리, 산소 쪼가리가 '나'일까? 그건 그냥 수소일 뿐이지.

○ 그렇다면 왜 수행을 하고, 다음을 위해 닦고 그래요? 지배 이데올로기 인가요?

● 자네한테 있는 기본 전제가 뭐냐면, 이것이 있어야 편하고, 그게 있어야 수행을 한다고 생각해. 왜 그런 기본 전제가 있어야 한다고 생각하는데?

○ 바라는 거죠. 저 너머에 있을 영원한 안식을요. 유한성을 살아가는 것이 무섭잖아요.

● 그거는 질문하는 전제가 틀렸지. 있어야 하고 있는 것을 찾는 게 수행이라고 생각하는 거지. 그거와 똑같아. 없는 것을 찾는 것, 그걸 수행이라고 생각하는 것. 똑같지 그거야. 왜 있다고 생각하고 있는 것을 찾아야 하냐? 그 환상에 우리가 다 놀아나는 거지. 없어도 괜찮다, 없다고 생각한다 그러면, 요 있는 것 하나하나가 다 나한테 확확 닿겠지. 오히려…… 있어야 된다고 생각하는 전제, 그거부터 틀어져야 한다고 생각하는데 나는.

○ 늘 목표가 정해져 있는 시간을 살아왔어요. 인생의 관문을 통과하는 관성에 익숙해 있죠. 결혼도 사랑의 종착지로 여겼는데 거기까지 가보니 고

통 게임의 4단계 진입이더라고요. 고등학교 입학식이 생각났습니다. "중학교라는 작은 감옥에서 더 거친 감옥으로 온 여러분을 환영한다"는 선생님의 훈시가 있었죠. 파랑새를 찾는 관성이 참 셉니다. 끝으로 고단한 이들에게 조언을 하신다면요? 중년들도 불안이 깊고, 젊은이들도 무기력하다고 해요.

● 사람으로 태어났으면 아픈 것은 어쩔 수 없는 거지. 아픈 것을 벗어나려고 아무리 발버둥 쳐도 못 벗어나거든. 그런데 아파할 만한 것 때문에 아프면 괜찮아. 그런 고민은 살아 있는 고민이야. 그렇지만 내 고민이 아니라 밖에서 오는 것에다 내 고민을 집어넣어서 고민하잖아. 그것은 헛고민이지. 내가 좋아하는 것을 하면 돼. 내 하고 싶은 것에다가 내 고민과 노력을 집어넣어야지. 그러다가 당하는 것은 할 수 없는 거고. 그런데 다 엉뚱한 데 투자를 하고 있어. 돈 버는 것에만. 돈 벌어서 뭐 하려고? 뭐 할지는 아무도 생각을 안 하잖아.

인터뷰를 마치고도 미련이 남아 마음은 없다는 스님에게 엉뚱하게 돌려 물었다.

"스님, 마음을 다스린다는 말은 뭐예요? 틀을 없애는 것인가요?"

여태껏 듣고도 뭐 했냐는 듯 스님은 대뜸 호통을 쳤다.

"내용을 없애야지, 틀을 없애냐."

'아이고, 이 답답아'라는 말은 스님의 입속으로 말려들었다. 그리고 스님은 내가 던진 그물에 걸렸다. 자상한 설명이 술술 이어졌다.

"내가 경험하는 것, 좋아하는 것이 나를 조정하고 움직이잖아. 그것 없이 틀 안의 내용들이 복닥복닥 노는 것을 쳐다보는 것, 그게 마음 다스리는 거지. 틀의 입장에서 보면 돼. 아, 이놈은 이리로 가는구나, 저놈은 저리로 가는구나, 그래 그렇구나. 틀의 입장에서 쳐다보면 그게 다스리는 게 아닐까?"

그동안 '좋다', '싫다'에 너무 놀아났다 싶다. 육 년 전쯤 다섯 살배기들이 운동장에서 개미를 구경하는 모습을 보았다. 오빠나 형의 축구 연습에 끌려 나온 동생들이다. 개미굴에 코를 박을 듯 숙인 채 탄성을 지르며 어깨를 붙이고 있었다. 그러다 한 녀석의 발가락 사이로 개미가 올라왔나 보다. 기겁을 하며 뛰었다. 덩달아 나머지 아이들까지 죽여라 소리치며 발을 굴렀다. 그 순간 내가 평생 부려온 변덕이 발 구르는 아이들과 같음을 보게 됐다.

내 눈에 좋은 것, 내 몸에 편한 것에 홀려 살았다. 좋고 싫음도 시류 따라 팔랑거리는데……. 마음속에 넣어놓은 온갖 기준이 눈먼 나를 몰고 가는 워낭 소리였다.

그날, 안암골 대원암에는 정오에도 산새 소리가 왁자했다.

종림 스님

(1944년~)

고려대장경연구소 이사장. 동국대학교 인도철학과를 졸업한 뒤 지관 스님을 은사로 출가했다. 해인사 도서관장, 월간 《해인》 편집장, 일본 하나조노 대학교 국제선학연구소 연구원, 대흥사 선원장, 세계전자불전협의회 공동의장, 한국불교학결집대회 회장을 역임했다. 1992년 고려대장경연구소를 설립하고, 1996년에는 세계 최초로 고려재조대장경을 전산화했으며, 초조대장경의 데이터베이스를 구축했다. 2013년 불이상을 받았다. 그는 불교의 유식뿐 아니라 서양 철학, 진화론, 뇌과학, 인지과학에도 관심이 깊다. 위르겐 하버마스 등 서양 철학자들과의 대담이나 과학자들과의 토론에도 초대받아 세상을 논해왔다. 대장경 전산화가 진행될 당시, 한 인터뷰에서 그는 "나의 가장 멋있는 모습은 고원의 벌판에서 괭이를 들고 땅을 파다가 석양을 바라보는 그림입니다"라고 했듯이 한국 불교에서, 또 문명의 이동에서 변화의 길을 모색해왔다. 이제는 스스로를 공(空)의 자리에 두고 세상에 일어나는 사건, 인간 사는 모양을 해석해보고 싶다고 한다.

Interview Date 2014. 12. 19~12. 21. 2015. 06. 26
Interview Place 서울 안암동 대원암
Photo Credit 안선영

죽음이
삶을
부른다

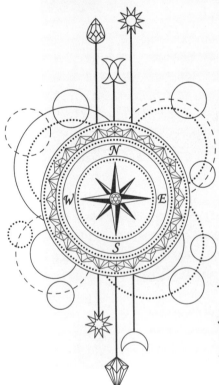

셸리 케이건
철학자

차오르는 가래에 눌려 숨을 거둔 늙은 아버지, 그 순간을 잊지 못하는 중년의 딸은 목구멍에 느른한 무엇인가가 걸릴 때마다 겁에 질린다. 죽을까 봐. 침몰하는 여객선을 목격한 젊은 사내는 자동 세차를 할 때면 쏟아지는 물줄기를 볼 수 없어 눈을 감는다. 그들에게 엄습했을 죽음의 고통이 전이돼서. 비행기 타는 엄마를 향해 어린 딸이 수심에 찬 얼굴로 말한다. 죽으면 어떡하냐고. 질주하는 차도를 매일 건너는 자신의 마지막에 대한 확률은 무시한 채. 다음 세대를 걱정한다며 목청 높이는 정치인은 진정으로 후세를 염려하는 것일까? 혹시 그 자신이 불멸의 존재인 양 취해 있는 것은 아닌지.

　우리는 죽음의 공포에 휘둘리곤 하지만 정작 죽음이 무엇인지는 애써 참구하지 않는다. 오늘 우리 시간은 그 속에서 사려할 기회를 얻지 못한 채 그냥 흘러가는 것은 아닌지. 결국 우리가 붙잡아야 할 지푸라기는 '지금 살아 있는 이 시간을 어떻게 보내야 할까'일 것이다.

마지막 장이다. 우리 마음을 흔드는, 부정할 수 없는 사실인 '죽음'을 이야기하려 한다. 가을로 넘어가는 길목에서 '죽음 수업(Death class)'으로 세상의 주목을 받는 예일 대학교 철학 교수인 셸리 케이건을 만났다. 그의 수업은 대부분 '죽음이란 무엇인가'를 참구하는 시간이다. 죽어 있는 상태는 어떻게 진행되는가에 관해 논쟁한다. 셸리 케이건은 '죽음은 끝'이라고 했고, 왜 끝인지 설명했다.

내가 그와 나누고 싶었던 주제는 죽는다는 사실이 우리 삶을 어떻게 흔드는가, 였다. 죽는다는 사실을 각인한다면 삶은 달라질 수 있는지를 묻고 싶었다. 노화를 몸으로 자각하고 시간의 흐름을 서서히 인지하면서 짓눌리게 된 두려움으로부터 벗어나고 싶어 그 불안의 실체에 대해 이야기하고 싶었다.

하지만 케이건은 죽음의 상태에 더 집중하고자 했다. 내가 듣고자 한 이야기는 못 듣는 게 아닐까 염려됐다. 그러나 그와 이야기를 나누는 동안 내 안으로 자각이 스며들었다. 죽음의 상태를 규정하는 자세가 살아 있는 삶에 영향을 줄 수 있겠다는 인식이었다. 죽음을 물어야 하는 이유는 바로 삶을 살아낼 방식을 구하기 위해, 잘 살아야 하는 근거를 얻기 위해서다. 죽음을 마주하는 불편을 지나야 했다. 그래볼 만했다.

그 후 내가 문득문득 맞닥뜨리는 죽음의 실체는 제법 견딜 만한 삶의 편린으로 흘러갔다. 눈에 띄게 굽어지는 어머니의 등을 발견하며, 느닷없이 친구를 떠나보내며, 그리고 내 몸에서 진행되는 시간의 작용을 보며, 설익었던 인식은 일상의 시간으로 스며들었다. 거름망을 지나 떨어지는 커피 방울처럼.

셸리 케이건   **247**

왜 죽음을 두려워하는가

○ 하루는 제 딸이 수영장에서 나오면서 울더군요. 소독약을 탄 수영장 물을 먹었으니 이제 자기는 죽는 거냐며 겁에 질린 거예요. 고작 여덟 살인데 말이죠.

● 죽음에 대한 두려움은 확실히 널리 퍼져 있어요. 누구도 죽고 싶어 하지 않죠. 나 역시 서둘러 죽음의 문턱을 넘고 싶지 않습니다. 질문을 좀 나누어 생각해보죠. 나는 지금 죽고 싶은가? 아니죠. 이 멋진 삶을 더 오래 지속하고 싶죠. 영원히 살고 싶다는 말과는 다릅니다. 사람들은 불멸의 시간을 상상하지만 그 시간을 세밀하게 채우며 그리지는 않습니다. 그냥 그러면 좋겠다고 생각하는 거죠. 그렇다면 우리는 영원토록 무엇을 하고 싶은 걸까요? 지금처럼 영원히 살면 좋을까요? 좀 지루하지 않을까요? 진저리 치게 진력나고, 곧 악몽이라고 느낄 것입니다. 그러느니 기꺼이 죽음을 맞이하겠어요. 나는 건강하다면야 백 살, 천 살까지 기쁘게 살겠지만 그럴 수 없죠. 우리는 병들고 불편해져요.

○ 건장하셨던 아버지가 치매로 마지막을 보냈습니다. 그 상태로 십 년, 이십 년 계속되면 어쩌나 걱정하기도 했죠. 하지만 겨우 일 년이었어요. 깊이 후회했죠. 불멸이 고통이라는 말에서 죽음도 변화하는 질서가 주는 희망일 수 있겠다는 생각이 드네요.

● 치매는 다른 방식으로 고통을 더하죠. 아버지가 사라지는 과정을 느껴야 하니까요. 대개 죽음에 관한 두려움을 이야기할 때 많은

사람은 마지막을 맞는 과정보다는 죽음 너머를 두려워합니다. 죽어 있는 그 상태가 두려운 거죠. 요정이 와서 잠든 사이에 고통 없이 떠날 거라고 약속해도 죽음에 대한 두려움을 떨치지 못합니다. 또한 죽음이 얼마나 빨리 다가올지 몰라 두렵죠. 당신의 딸처럼요. 어리석은 염려가 아닙니다. 충분히 그럴 만해요.

다시 불멸이라는 지점으로 돌아갑시다. 영생이 그다지 반길 일이 아니라면, 곧 죽는다는 사실도 나쁜 일만은 아니죠. 오히려 반길 일이에요. 그러니 죽음을 두려워할 이유가 없죠. 게다가 죽으면 어떻게 될지 몰라 두려워하는 것 역시 부질없습니다. 왜냐하면 죽은 다음에 우리는 아무것도 아니니까요.

○ 죽음을 두려워하는 이유가 죽음과 동반하는 마지막 과정의 고통이나 죽음이 빨리 닥칠까 봐 염려하는 걱정 때문이 아니라 죽음 자체에 대한 무지 때문이라는 것인가요?

● 죽음은 진정한 끝마침이고 거기에는 아무것도 없어요. 죽으면 경험하지 못합니다. 이는 마치 내가 이 책을 집어 들고 "책은 이제 어떻게 존재할까"라고 염려하는 것과 같아요. 즉 아무것도 아니라는 말입니다. 책은 느끼지도 생각하지도 못해요. 그런데도 죽음에는 사람들을 성가시게 하고 혼돈을 불러오는 질문들이 있다고 생각합니다.

○ 왜 우리는 죽음에 관해 생각해야 할까요? 죽음이란 무엇인가요?

● 두 번째 질문부터 답을 할게요. 첫 번째 답에 영향을 주기 때문입니다. 죽음이란 무엇인가, 라는 질문은 적어도 두 가지 의미를 내

포합니다. 하나는 죽음에 대한 정의겠죠. 그런데 당신의 질문을 좀 더 들춰본다면 아마도 '죽음이 진정 끝인가?'일 것 같군요. 내가 틀리면 말해주세요.

○ **묻고 또 묻다 보면 죽음이 끝인가를 짚고 넘어가야 하는 막다른 지점에 닿는다고 생각합니다.**

● 인류의 역사에서 사후 세계는 늘 거론되어왔습니다. 살아 있던 때와 같은 형태로 천국의 왕국이 있다고 여기거나 새로 태어나는 환생이 있다고 믿었죠. 현대인들도 사후 세계가 진실인지 알고 싶어 합니다.

○ **실제로 우리는 그렇게 교육받아왔어요.**

● 전형적인 기독교의 스승들이 그랬죠. 물론 기독교 안에도 매우 다른 입장이 존재하지만요. 불교의 스승들은 환생의 존재를 이야기합니다. 다시 태어나는 윤회를 끝낼 수 없을 경우에요. 힌두교의 가르침도 있고요. 완벽하지 않을 수 있지만 이런 이야기가 없는 것보다는 낫겠죠. 끝나는 것이 아니라는 설명은 듣기 좋으니까요. 자, 그럼 사람들이 죽음이 곧 끝이 아니길 원하는 점에 대해 말해보죠. 종교는 죽음이 끝이 아니라고 합니다. 사람들의 가슴에 깊게 다가가죠.

○ **편안함을 주죠. 새로운 기대, 현실을 견뎌낼 희망이기도 하고, 상실에 대한 위로이기도 하고요.**

● 그래요. 사람들이 믿을 만합니다. 그렇지만 진실은 아니에요. 죽

음은 생이 끝나는 것입니다. 실제로 '나'라는 존재는 오로지 이 몸이에요. '나'는 살과 뼈, 피로 이뤄진 조각이죠. 몸이 망가지면 일을 할 수 없어요. 때로는 생각할 수도, 계획을 짤 수도 없죠. 모든 정신적인 활동은 뇌 안에서 이뤄집니다. 뇌가 망가지면 우리는 정지하죠. 다시 죽음이란 무엇인가, 라는 질문으로 돌아가는데 내가 생각하는 죽음은 몸이 망가져서 생각하는 활동에 다른 방식으로 참여할 수 없는 상태입니다. 모든 기계는 조만간 고장 나요. 예로 들어 녹음기를 망치로 내리치면 붉게 들어와 있던 표시등이 꺼지고 점차 부식될 것이며 머지않아 아무것도 아닌 것이 되겠죠. 이것이 바로 죽음입니다. 즉 여기 지금의 생이 오직 우리가 살아가는 인생이라는 거예요. 나는 사후 세계를 믿지 않습니다.

이제 첫 번째 질문을 보죠. 왜 우리는 죽음에 관해 생각해야 할까요? 바로 이번 삶이 오로지 우리가 갖는 유일한 생이라는 결론으로 이끌 수 있기 때문입니다. 무엇을 해야 할지 의미를 찾아주기 때문이에요. 만약 이 생 다음에 어떤 것이 이어진다면 당신이 여기 지구에서 좋은 사람으로 살고, 그 덕분에 천국으로 가는 데 합리적인 동기가 될 수도 있겠죠. 개가 아니라 사람으로 다시 태어나기 위해 착하게 살아야 하는 이유도 되고요. 불교도들이 하는 이야기는 좀 다릅니다. 그들은 생을 고통이라 여기므로 윤회를 피하는 열반을 원하죠.

이런저런 이유로 내일을 걱정하는 것은 얼마든지 가능한 일입니다. 그런데 만약 내일이 없다면 지금 여기의 삶을 어떻게 보낼지에 더 깊이 몰두할 거예요. 죽음을 생각해야 하는 가장 중요한 의미는 바로 삶이 진귀하다는 가치를 깨우쳐주기 때문입니다. 삶은 드물게 누릴 수 있는 자원입니다. 더욱 다정한 언어로 채워야 하는 귀중한 시간이죠. 죽음의 자연스러움에 대해 생각함으로써 얻는 가장 큰 의미는 우리에게 두 번째 기회는 없다는 깨달음입니다.

자기 자신에게 주어진 시간을 낭비하고 있지는 않나요? 멍청한 일에 기웃거리고, 세상이 주입한 생각에 휩쓸리면서 말이죠. 죽음을 대면하는 일은 '지금 나는 가장 가치 있는 일을 하고 있는가? 정말로 나의 유한한 시간을 쓸 만한 일인가?'를 스스로 묻게 합니다.

자살을 선택한다는 것

○ 죽음을 강의하면서 삶의 태도 변화를 목격한 결과인가요? 어떤 극적인 상황들이 있었나요?

● 예일 대학교가 '죽음 수업'을 인터넷에 올렸어요. 꽤 많은 사람이 그 동영상을 보고 이메일을 보내옵니다. 자신의 철학을 이야기하면서 논쟁하고 싶어 하는 사람들에게는 답장을 하려고 노력하죠. 내답은 또 다른 반론을 부르고, 철학적으로 만들어지는 진전이 있어요.

그중 자살과 관련된 내용이 있었습니다. 나는 죽음 수업의 마지막 단계에 자살을 주제로 이야기합니다. 자살이 이해될 만한 상황을 언급하죠. 자살을 비도덕적이거나 해서는 안 될 일로 보기도 하지만, 도덕적으로 용인되는 경우도 있어요. 나는 그런 점을 차분하게 이야기하고자 애썼습니다. 미국에서 진행되는 자살 관련 토론은 대부분 정말 히스테릭하게 다뤄지거든요. 몹시 흥분하고, 결론은 대부분 누

구라도 올바른 마음이라면 스스로 죽지 않는다, 로 내려집니다. 정신
이 온전한 사람은 자살하지 않을 것이며, 자살은 어떤 경우라도 부도
덕하다고요. 가족이 자살한 사람들의 이메일 내용은 대부분 비슷해
요. 그들이 왜 자살했는지 이해하고 싶어 하죠.

하루는 남동생이 자살했다면서 한 여성이 긴 이메일을 보내왔습
니다. 군에서 제대할 때 동생은 매우 불안정한 상태였고, 심리 상담
을 받았지만 차도가 없더니 결국 자살을 했다더군요. 장례를 마친 뒤
동생의 노트를 발견했는데 자기 심정을 적은 노트에 그래프가 그려
져 있었다고 했어요. 나중에야 그 그래프가 내 강의에 나온다는 것을
알게 됐죠. 내가 죽음 수업의 마지막 시간에 그 그래프를 제시하고
설명합니다. 만약 당신의 생활이 이와 같다면 자살해서는 안 되지만,
다른 경우라면 생을 점검해볼 수도 있다는 내용이죠. 이메일을 읽으
면서 그녀가 상처받고 내게 분노하지 않을까, 얼마나 힘들었을까 마
음이 쓰였습니다. 하지만 그녀는 오히려 고마움을 전해왔어요. 그 그
래프를 보고 나서야 남동생이 충동적으로 죽은 게 아님을 알게 됐다
고 했습니다. 그가 최선을 다해 결정한 선택이며 '그의 선택은 마땅
하다'고 받아들였다고 했습니다.

○ 자살 또한 사려 깊은 선택이며, 자신이 도움을 주지 못해 남동생을 놓
친 것이 아니라는 위안을 얻었겠군요.

● 나는 자살한 남동생을 알지 못해요. 그의 자살에 관해 잘 선택
했다 그렇지 않다, 내가 말할 수 있는 부분이 아니죠. 그렇지만 그의
마지막 시간을 떠올리면 깊은 울림이 전해져 옵니다.

셸리 케이건   **253**

수업 시간에 나는 "우리는 모두 끝마침을 향해 가고 있다. 그렇지만 인생이라는 이 파티가 더 지속되지 않는다 해도 끔찍한 여정은 아니다"라고 강조합니다. 하루는 1층 철학과에서 행사가 있었어요. 젊은 여성과 나이 든 남성이 출입구에 서서 두리번거리기에 내가 다가가 인사를 했는데 우연찮게도 그들이 찾는 사람이 다름 아닌 나였어요. 젊은 여성은 예일 대학교에 다니는 학생이었고, 나이 든 남성은 그녀의 아버지였습니다. 아버지가 나를 만나고 싶어 해서 기다렸다고 했어요. 그는 일 년 전에 의사한테 그 밤을 넘기지 못할 거라는 통보를 받았지만 내 덕분에 그 자리에 서 있다고 하더군요. 죽음이 두려워 내 강의를 봤고, 두려워할 이유가 없다는 깨달음을 얻고는 담담히 죽음을 받아들였다고 합니다. 그날 밤 자신을 지탱하는 데 도움이 되었다고 했어요. 고비를 넘겨 다행히 건강을 회복했고요.

그의 말을 듣는 내내 나는 아무 말도 할 수 없었습니다. 청춘에게 강의할 때와는 달리 삶의 심연에서 서로 마주한 자리니까요. 내 수업을 듣는 학생들은 대부분 젊어요. 그들에게 죽음은 단지 지적인 질문으로 다가가죠. 하지만 예상치 못한 방식으로 만나게 되는 청중은 가슴으로 나눈 실제 삶의 이야기를 전해줍니다. 내게는 다시 큰 배움으로 와닿고요.

하나만 더 이야기하죠. 수업하는 동안 한 학생이 죽었습니다. 암에 걸렸죠. 의사들은 이 년 정도의 생이 남았다고 했지만 그는 남은 시간에 학교를 다니겠다고 선택했어요. 그가 4학년 때 내 수업을 들었습니다. 나는 영혼은 없고, 죽음은 끝이라고 강의했습니다.

○ 죽음을 앞둔 이에게 죽음이 끝이라는 말이 잔인하게 들리지는 않았을까요? 아니, 오히려 위로가 될 수도 있을까요?

● 죽음은 삶의 마지막입니다. 봄 학기 중에 그 학생은 플로리다의 집으로 갔어요. 마지막 시간이 임박해왔죠. 교수들은 그가 비록 수업을 마치지 못했지만 졸업장을 주자고 결정했습니다. 학장이 직접 플로리다로 갔고, 학생은 졸업장을 받고 얼마 후 세상을 떠났습니다. 이 말을 할 때면 목이 멥니다. (그의 눈시울이 붉어졌다. 잠시 침묵하고 나서 목을 가다듬고 말을 이었다) 나는 그 학생을 생각하며 강의실에서 질문을 던집니다. "살아 있는 동안 무엇을 하고자 합니까?" 지금까지의 관성대로 행동한다면 우리는 X, Y 또는 Z를 할 시간을 갖지 못해요. 나는 당신이 당신에게 정말로 중요한 일을 하길 바랍니다. 이처럼 죽음에 관해 생각케 하는 질문들에는 삶을 다시 고려하도록 하는 힘이 있습니다.

○ 보통 죽음을 앞둔 이에게 "먼저 가세요. 그곳에서 만나요"라고 말합니다. 아버지가 돌아가셨을 때 저는 미국에 있었어요. 임종을 지키지 못했죠. 그리고 몇 년 후 참선하며 큰 위안을 받았습니다. 그리워하던 아버지는 나와 다른 곳에 있는 것이 아니라 나의 한 부분으로 함께한다는 깨우침을 얻었어요. 제가 아버지의 일부로 세상에 존재한다는 거죠. 내 얼굴, 내 사고, 내 경험, 마음속에 공존하는 거죠. 더불어 뭔가가 저를 감싸는 기운을 느꼈고, 곧 편안해졌습니다.

● 강의할 때 마주하는 한 가지 어려움이 있어요. 다른 강의 때는 중립적인데 죽음 수업 때는 첫날부터 내 생각을 말합니다. "카드 쥔

손을 가슴께로 바짝 당긴다"는 표현이 있어요. 그런데 나는 내 패를 다 보여줍니다. 사람들은 죽음에 대해 다양한 믿음을 가지고 있고 편안함을 추구합니다. 나는 그들에게 당신의 믿음은 틀렸다고 말합니다. 불편하게 만들죠. 나는 당신이 아버지를 생각하던 그 순간에 대해 약간 걱정스럽습니다.

○ 저 또한 당신과 독자의 믿음을 불편하게 하고자 묻습니다.

● 좋아요. 근본적으로 사랑하는 사람의 죽음은 슬픔일 것입니다. 당신이 아버지를 생각하고 그 존재를 느꼈다면 이는 그가 어떤 사람이었는지에 대한 기억, 당신에게 준 영향 때문일 거예요. 당신이 느끼는 감사함도 포함되겠죠. 대단한 것입니다. 아버지가 잘살았다는 뜻이니까요. 편안한 기운을 느꼈던 것도 좋습니다. 그런데 당신과 다른 사람들도 있어요. 그들은 "영혼이 찾아왔다"고 말합니다. 말 그대로 죽은 아버지가 와서 자기에게 말했다고요. 물론 왜 이런 생각을 하는지는 이해합니다. 그렇지만 나는 환상이라고 생각해요. 사람들이 죽음에 대해 다양한 믿음을 가지고 있고, 또 찾는다는 거요.

○ 육체와 영혼을 분리하는 이원론적 관점을 부정하는 것으로 들립니다. 살아 있는 이들을 통제하려는 이데올로기라는 뜻인가요?

● 세상에는 누군가의 목적으로 사람들을 조정하려는 이데올로기가 수없이 많아요. 왕의 신권은 도덕이나 공평한 제도가 아니라 신의 뜻을 가져와 압박하려던 완벽한 예입니다. 그렇지만 이원론이 사람들을 조정하려고 만들어진 이데올로기라고는 생각하지 않아요. 육

체보다 더 중요한 것이 있고, 인간이 단지 기계일 수만은 없다는 이론은 가능성 있는 답이에요. 내가 엄청난 양을 할애해서 설명하는 이유도 그 때문이죠. 현대 철학자들도 그렇게 주장하는데 내가 동의하지 않을 뿐입니다. 나는 물리주의 입장이에요. 우리는 물질적인 존재이고, 사후 세계가 아닌 삶을 이야기하자는 것입니다.

○ 인간에 대한 이해, 죽음에 대한 생각을 물리주의 관점으로 고려하면 세상이 좀 더 나아질 거라고 생각하시나요?

● 철학에는 일반적인 주제가 있습니다. 무엇이 도덕을 진전시키는가? 도덕은 진보하는가? 찬반이 분분하죠. 철학적으로 우리 생각이 진보했느냐는 질문에는 아니라고 말하겠어요. 물리주의자의 입장은 플라톤이 소크라테스와의 대화를 다룬 『파이돈』에도 나옵니다. 스승인 소크라테스가 죽자 플라톤이 제자들에게 물어요. "영혼이 있는가? 영원한 생이 있는가?" 물리주의자의 관점에서 나온 질문입니다. 직접적으로 그 단어를 쓰지는 않지만요. 중국 철학자 맹자에게서도 물리주의자의 자취를 발견할 수 있습니다. 그때보다 철학은 그리 많이 진보하지 않은 거죠. 다만 세상이 진보해온 자취는 있습니다. 역사 속에서 철학적인 생각들은 점차 삶의 상식이 되어왔으니까요.

○ 사람들의 마음이 문명의 진보를 이뤄왔다는 말씀이네요.

● 요즘 사람들은 노예제도가 비도덕적이라고 생각합니다. 노예제도가 당연하게 통용되던 시절도 있었지만, 이제 도덕적 진보의 결과 누구나 노예제도를 반대합니다. 질문 하나 할까요? 당신은 여성

을 동상으로 제작할 수 있다고 생각합니까?

○ 물론이에요. 하지만 대부분의 동상이 남성이죠. 특히 의자에 앉아 있는 상은 오로지 남성이었어요. 권력을 상징하니까요.

● 심지어 오십 년 전만 해도 여성 동상 제작은 거부당했습니다. 도덕적 진보의 결과이고, 인권의 문제예요. 모든 사람에게 권리가 있다는 생각을 갖기까지 우리는 편견을 극복해야 했습니다. 지금 우리에게는 또 다른 편견이 있어요. 많은 사람이 동물을 인간처럼 헤아리지 않아요. 도덕적으로 우리가 원하는 대로 동물을 다룰 수 있다고 여깁니다. 현대화된 공장에서 학대하다가 고통스럽게 죽이죠. 맛을 위해서요. 200년쯤 지나면 노예제도의 경우처럼 편견에서 벗어날 것입니다. 이러한 도덕적 진보가 계속되기를 기대합니다.

네 번째 예는 흥미로운 역사적 질문으로 들고 싶어요. 매일 아침 뉴스를 보면 세상에 전쟁이 끊이지 않죠. '우리는 한 번이라도 평화로울 수 있을까?' 궁금해질 정도예요. 독일 철학자 임마누엘 칸트가 이 질문에 대해 궁금증을 가졌습니다. 200년 전에 기념비적인 예언을 했죠. "앞으로 국가들은 서서히 민주화될 것이다." 그가 그 글을 쓸 당시에는 민주주의가 없었거든요. 미국도 오직 절반만 투표할 수 있었어요. 오로지 백인 남자만요.

○ 재산을 가진 백인 남자죠.

● 실제로 재산세가 필요했던 것도 아니에요. 그저 반드시 남자여야 했던 거죠. 칸트는 오로지 그의 철학에 기초해서 역사가 어떻게

진행될 것인지를 말했고, 그가 옳았습니다. 점점 더 많은 나라가 민주화되어갑니다. 심지어 칸트는 "민주주의는 전쟁과 공존하지 않을 것이다"라고 했고, 협정을 통해 이뤄질 것인데 "협정은 곧 평화를 위한 합의일 것"이라고 했어요. 장기적인 안목으로 예언했습니다. 얼마나 걸릴지는 예시하지 않았지만 인간의 역사 과정에서 전쟁은 점차 사라질 거라는 거죠. 칸트의 말은 내게 희망을 줍니다. 칸트는 국가 연합 사상을 말했고, 국가들이 연맹을 이루며 갈등을 평화롭게 풀어가는 길을 발견할 거라고 했습니다. 현재는 우리가 그 사상에서 매우 멀리 있지만 불가능하리라고 생각하지 않아요. 나는 도덕적 진보의 가능성을 믿습니다.

죽음에 관한 질문은 어떻게 살 것인가를 결정하는 질문과 한 쌍으로 짝지워져 있습니다. 우리를 앞으로 나아가게 하죠. 우리에게 다시 삶에 대한 새로운 질문들을 조합하게 합니다. 죽음에 대한 물리주의적인 내 입장은 바로 그곳을 가리킵니다.

죽음 수업은 곧 인생 수업

○ 마음의 진보를 이끌어가기 위해 '죽음 수업'을 해야 한다는 의미군요. 이제 우리는 죽음을 받아들이며 과거의 관성에서 벗어나고자 합니다. 당신이 언급한 새로운 질문들의 조합은 어느 방향으로 나아가나요?

● 관계, 앎, 우정, 아이들의 미래로 이어집니다. 나는 '죽음 수업'과 쌍을 이루는 '인생 수업(Life class)'도 진행하고 있습니다. 수업을 듣는

학생들은 스무 살, 막 자기 삶과 함께하려는 시기에 들어서 있죠. "유일한 자원인 '네 삶' 속에서 무엇을 하고 싶은가?" 그 질문으로 학생들을 초대합니다. 철학자들이 아주 오래도록 의문을 가져온 질문이기도 합니다. 나는 우리가 스스로를 위해 바랄 수 있는 가치는 좋은 사람, 정의로운 사람이 되는 것이라고 생각해요. 도덕적으로 사는 생은 다른 사람을 도울 뿐 아니라 자신에게도 이롭습니다.

물론 질문해야죠. '무엇이 우리에게 요구되는 정의인가?' 답은 많아요. 노예제도 반대, 여성의 권리, 더 나아가 동물의 권리 등등요. 자, 지금 시대에는 우리가 알아차려야 할 중요한 것이 있습니다. 세상의 풍요를 누리며 부를 쥔 사람들은 이 세상에 열심히 일해서 월급을 타면서도 힘겹게 살아가는 사람이 아주 많다는 사실을 반드시 인식해야 합니다. 부자와 가난한 사람 사이에 있는 불균형이죠. 최고의 삶은 세상에 정의가 더 많이 작동되도록 기여하는 시간 속에 있어요. 가난한 사람들에게 물적 자원이 조금이라도 더 생기는 그곳, 그래서 덜 힘겹게 살도록 보살피는 그 시간에서 삶은 가치를 갖게 됩니다.

이것은 죽음에 대한 내 이야기이기도 해요. '죽음이란 무엇인가'를 질문함으로써 우리는 '잘 사는 삶이란 무엇인가'라는 질문으로 돌아나올 수 있거든요. 우리가 살고 싶은 삶이 무엇인지 알 수 있습니다. 삶에서 충만함을 얻는 길은 뭔가 내 삶에 가치 있는 일이 들어올 때 이뤄집니다. 살아간다는 것은 이런 의미입니다.

○ 큰 질문들을 해오며 얻은 답은 결국 '답은 구할 수 있는 것이 아니라 살아가는 나의 모든 행위에 있다'였습니다. 얇은 지식, 잠시 기억하는 남의

생각이 아니라 내가 살아가는 시간 속에서 나의 의지로 드러나는 것이라는 답이지요. 여기에 세상의 가치 있는 것에 응답하고자 마음을 열고 사는 그것까지 덧붙여야겠습니다.

● 하나만 더 이야기할게요. 스티브 잡스가 누군가를 설득할 때였어요. 상대가 펩시에서 일했다는 것 같아요. 잡스가 말했죠. "남은 인생을 설탕물 팔면서 살고 싶소, 아니면 세상을 바꾸고 싶소?" 그 남자는 설득당했다고 합니다. 나는 핸드폰을 만드는 일이 가장 가치 있는 일이라고는 생각하지 않지만 적어도 잡스의 질문은 맞다고 봅니다. 지금이 내가 누릴 수 있는 유일한 생입니다. 그렇다면 돈을 벌기 위해 인생까지 낭비해야 할까요? 이것이 바로 죽음을 생각함으로써 꼬리를 물고 이어지는 생각의 조합입니다.

○ 그런데 돈 벌기가 참 어렵습니다. 세상의 큰 의미만을 좇을 수 있는 너그러운 시절이 아니잖아요.

● 모두 그렇게 말합니다. 나도 때때로 그렇게 느껴요. 하지만 진실이 아닙니다. 경험철학 수업에서 이를 증명해나갑니다. 학생들에게 사람들을 만나서 얼마나 행복한지 물어보라는 과제를 줍니다. 행복하지 않으면 1, 대체로 행복하다고 여기면 7로 전제해서 그 숫자가 그들의 수입과 얼마나 맞아떨어지는지 살펴봅니다. 가난해서 집세를 못 내고 식구들의 끼니를 해결하기도 어렵다면 행복 수치도 낮을 거라고 예상하겠죠? 최저임금을 받는데 여분의 돈이 생긴다면 행복 수치는 수직 상승할 것이라고 생각할 겁니다. 결론을 말씀드리자면, 돈과 행복은 비례하는 관계가 아니었어요. 돈이 많아지면 소비 기준

도 같이 올라갑니다. 그래서 행복도는 제자리걸음이죠. 새 청바지는 살 수 있지만 진짜 탐나는 신형 핸드폰은 못 사니까요. 우리가 철학을 해야 하는 이유가 바로 여기 있습니다. 진정으로 하고자 하는 일이 무엇인지를 잘 생각하지 않았을 때 우리는 덫에 걸릴 수 있어요. 중산층이 되지 못하면 실패한 인생인가요? 그런 생각은 옳지 않아요.

○ 마지막 질문입니다. 작가 벨 훅스는 각자도생하려고 몸부림치는 이 시대에 우리에게 필요한 것은 정념(情念)이라고 했어요. 그러나 젊은이들은 사랑마저 포기합니다. 이 시대를 살아가는 우리에게 삶의 가치를 불러일으키는 요소는 무엇일까요? 사랑이 답이 될 수 있을까요?

● 당신은 내게 두 가지 질문을 했습니다. "세상은 지금 무엇을 요구하는가"를 물었어요. 이는 세상이 사랑을 필요로 한다는 것과는 다릅니다. 만약 당신이 "지금 세상에 필요한 것은 사랑인가"라고 말했다면 은유적으로 전달했다고 받아들이겠습니다. 세상이 필요로 하는 것은 더 많은 사람이 타인을 보살피는 것이라는 뜻에 대한 은유죠. 나는 사하라 인근의 아프리카 사람들을 염려합니다. 하지만 이는 정확한 의미에서 사랑은 아니에요. 사랑에는 확장된 감각이 끼어듭니다. 만약 당신이 "지금 세상에 필요한 것이 확장된 감각 안에 있는 사랑이다"라고 한다면, 좋아요, 세상이 지금 필요로 하는 것은 사랑이라고 이야기하는 데 동의합니다.

○ 우리는 사랑할 때 비로소 온 마음으로 상대를 살피게 되죠. 그러면서 상대와 연결된 부수적인 관계들까지 포용하거나 관찰하게 됩니다. 그렇다

면 사랑이야말로 연대로 나아가는 문이 아닐까요?

● 내가 중요하게 생각하는 것은 타인을 돕는 것입니다. 칸트는 200년 전에 이 점을 중요하게 지적했어요. 타인을 돕는 일이 중요한 이유는 이것이 우리가 해야 할 옳은 일이기 때문이라고요. 이때 타인에게 사랑의 감정을 느끼는 것은 중요하지 않습니다. 나는 아무런 설렘 없이도 기부하는 수표에 서명하거든요. 그러면 됩니다. 칸트학파는 이렇게 말해요. "당신에게 진정으로 필요한 것은 존중이다." 우리는 완벽하게 실재하는 존재로서 타인을 존중해야 합니다. 그들은 모두 이성에 따라 스스로를 조절하고, 자신의 계획을 갖고 있으며, 어떤 삶을 살겠다고 결정합니다. 우리는 그들이 자신의 모습대로 살도록 자원을 지원하며 도와야 하는 거죠. 그래서 칸트 철학에서 '인식'은 중요한 용어입니다. 도덕적으로 헤아리는 거죠. 사랑이 만들어내는 감성적인 톤은 아닙니다.

그리고 당신의 생각이 매우 일반적인 감각인 사랑을 의미한다면 그것도 좋습니다. 당신이 말하는 사랑에 빠지고, 그에 대해 위험부담을 안고 멀어지는 청춘들, 그런 확장된 감각으로 이뤄지는 사랑 역시 위대한 질문이고 매우 중요합니다. 이 질문이 삶을 부릅니다.

타인을 사랑한다는 것

○ 삶을 부른다. 끌리는 표현이에요.

● 인생 수업에서 사랑은 매우 중요한 주제입니다. 일주일 동안 사

랑 이야기만 합니다. 왜 사랑은 가치가 있을까요? 사랑은 엄청나게 많은 가슴앓이를 불러오기 때문이에요. 심지어 사랑이 순탄하게 진행돼도 그렇습니다. "사랑에 빠진 사람들은 상대에 대한 생각을 멈출 수 없다. 그러다 그들은 갑자기 진땀을 흘린다. 그러고는 말한다. 마치 열병보다 더하다고. 사랑은 진정으로 소중하다고." 언젠가 책에서 읽은 구절이에요.

이제 우리 질문은 사랑은 왜 소중한가로 나아갑니다. 답은 궁극적으로 헤겔을 상기시키죠. 칸트는 개체로서의 인간을 하나의 세상으로 이해하기 시작했어요. 칸트는 이런 방식을 떠올린 철학자들 가운데 한 명이죠. 헤겔은 다릅니다. 헤겔은 진정으로 상대를 이해하려면 사회적인 맥락 속에서 살펴봐야 한다고 했어요. 사람과 세상을 연결지어 이해하는 거죠. 그래서 헤겔의 한 면이 사랑이에요.

내가 누군가를 사랑할 때 마음속에서는 무엇이 진행되고 있을까요? 나는 그를 대단하다고 생각합니다. 누군가가 나를 사랑할 때는 나를 멋지다고 여기겠죠. 바로 누군가가 멋지다는 것을 누군가가 발견하는 일입니다. 우리는 같은 지점을 더 많은 추상적인 어휘들로 언급할 수 있습니다. 내가 원하는 것 가운데 한 가지는 가치 있어지는 것이지만, 반면에 나는 내 가치가 타인에게 인정받기를 원합니다. 이것이 입증되는 것은 중요합니다. 다른 사람이 나를 사랑할 때 그들은 내 가치를 입증하는 거죠. 이로써 내가 가치 있는 한 부분을 차지합니다. 그래서 사랑은 철학자의 용어로 공존합니다. 왜 사랑받는 것이 중요할까요? 왜 위험부담을 안고도 사랑할 가치가 있을까요? 왜 알아주지 않는 사랑은 고통스러울까요? 당신은 누군가를 대단하다고 생각합니다. 그러나 그는 당신을 대단하다고 여기지 않아요. 그 안에 진정으로 가치 있는 존재가 같은 방식으로 인정받지 못합니다. 당신의 가치를 몰라주죠. 왜 갈 곳 잃은 사랑이 이 시대의 핵심을 관통할까요? 바로 가치에 대한 우리 감각을 약화시키기 때문입니다.

○ 사랑에 대해 마음을 소극적으로 가두는 오늘의 방식은 바로 타인의 가치를 알아보는 우리의 감지력을 약화시키는 동시에 결국 스스로의 가치를 발견하는 감각까지 마비시키는군요.

● 타인을 사랑하지 않는 사람은 누군가를 사랑하는 사람보다 자신을 더 중요하게 여겨서가 아닙니다. 스스로의 가치를 알아보지 못하는 것입니다. 타인을 사랑하지 않는 사람은 자신의 가치도 알아차리기 힘든 거죠. 우리는 이 점에 대해 많이 놓칩니다.

우리가 세상을 염려하는 것은 가치 있는 일입니다. 우리가 존중하는 사람들이 이 점을 확인시켜주죠. 그래서 당신을 사랑하는 누군가는 당신이 가치를 두는 대상들을 사랑할 수 있는 기회를 갖게 됩니다.

사랑은 우리가 열정적으로 가치를 추구하며 살아가고 있다는 것을 확인하는 방식이기도 합니다. 사랑은 우리가 되돌아와야 할 중요한 자리예요. 이는 심지어 사랑으로 응답받지 못하거나 지속되지 못할지라도 왜 우리가 그런 위험으로 달려가야 하는지 충분한 이유를 부여합니다. 힘겹게 지고 갈 만한 가치가 있어요.

○ '사랑 속에서 서로 가치 있는 존재로 나아갈 길을 얻는다.' 세상을 만나고 연대하는 방식일 뿐 아니라 나 스스로 귀한 존재임을 발견할 기회이기도

하네요. 우리는 오랜 진화의 시간 속에서 자연스럽게 정을 통하고 서로를 귀하게 쓸어주며 살아왔죠.

결국 복잡한 기계라고도 볼 수 있는 한 인간은 죽음으로써 마무리되지만 그 죽음 이후에도 이어지는 깨우침은 생명의 가치를 키워냈습니다. 진화한 마음의 열정으로 지핀 세상의 온기는 역사의 진전을 이뤄낸다고 여깁니다.

셸리 케이건과 만난 지 일 년 반이 지난 어느 밤이었다. 이불 속에서 얼굴만 빼꼼히 내민 채 열 살 된 딸이 물었다.

"엄마, 죽으면 어떻게 돼?"

무슨 말을 해야 할지 몰라 멈칫거렸다. 어릴 적 문지방을 밟고 지날라치면 어김없이 날아오는 지청구가 있었다.

"문지방 밟지 마라. 부모님 빨리 돌아가신다."

겁먹은 아이는 얼른 돌아가 다리를 높이 올려 문지방을 되넘었다. 십수 년이 지나서야 그 엄포에서 자유로워졌다. 목조건물에 흙벽인 옛집에 살던 이들이 혹여 집이 뒤틀려 안전을 위협할까 봐 만들어낸 엄포였겠다는 생각이 들었던 것이다.

딸에게 죽어 저승에 가면 업경대(業鏡臺, 불교에서 지옥에 있는 염라대왕이 중생의 죄를 비춰보는 거울)가 있어 착한 일을 많이 한 사람은 극락으로, 그렇지 않은 사람은 지옥으로 떨어진다고 말할 생각은 없었다. 그런 말은 행여 어디서라도 듣지 않길 바랐다. 아이에게 착한 일의 기준이야 어른의 말을 잘 듣는 것이 태반이라 어른의 편의대로 아이를 통제하는 방편이 될 일이므로, 그렇게 말하는 것은 그르다고 여겼다.

딸에게 담담히 말했다.

"죽으면 끝이야. 거기서 우리 삶은 멈춰."

아이가 되물었다.

"엄마는 그래도 괜찮아?"

찰나였지만 다시 내 마음을 점검하고 답했다.

"괜찮지. 그러니까 살아 있는 이 시간을 잘 누리면 돼."

덧붙여 당부했다.

"엄마는 네가 꼭 그렇게 마음껏 살았으면 좋겠어."

그 밤이 지나고 저녁나절이었다. 밥상에서 이런저런 이야기가 오가던 중 딸이 말했다.

"나는 홈리스를 돕는 사람이 되고 싶어."

한 번 사는 인생이니 여러 사람이 함께 행복했으면 좋겠고, 그러려면 자기는 그들을 살펴야 한다는 것이다. 아이의 눈에 가장 애틋하게 다가오는 이들이 거리에서 만나는 홈리스들이었나 보다.

죽음에 관해 열 살 아이가 던지는 질문에 여러 종교가 설파하는 사후 세계의 질서를 전하기 어려워, 다만 내가 알 수 있는 오늘의 삶만 이야기했다. 삶의 마지막을 아이가 무서워할까 걱정했지만 내가 알지 못하는 정보를 전해 또 다른 두려움을 주고 싶지 않았다. 그런데 아이는 죽음이 끝이라는 유한성 속에서 여럿이 함께 누리는 행복을 꿈꿨다. 불현듯 셸리 케이건이, 종림 스님이, 그리고 다른 여러 어른의 얼굴이 물결치듯 스쳐 지나갔다.

셸리 케이건

(Shelly Kagan)

예일 대학교 철학 교수(사회사상·윤리학 전공). 미국을 대표하는 현대 철학자 중 한 사람으로 1982년 프린스턴 대학교에서 철학박사 학위를 받은 뒤 피츠버그 대학교와 일리노이 대학교에서 강의했다. 그의 철학은 도덕철학과 규범윤리학 관점에서 인간의 삶을 조명한다. 철저히 현실에 기반을 두고 삶과 죽음의 문제, 행복, 도덕적 가치, 공공의 선, 인간의 본성 등에 관한 논문과 저작 및 칼럼을 발표하면서 공리주의로 대표되는 결과주의 윤리학과 칸트주의로 대표되는 의무론적 윤리학 사이의 논쟁에서 중심적인 역할을 맡고 있다. 대표 저서인 『도덕의 한계 (The Limits of Morality)』(1989년)와 『규범윤리학(Normative Ethics)』(1997년)은 세계 유수의 대학들에서 철학 교재로 채택하고 있으며, 최근에는 정의와 도덕의 불모지를 '사막'에 비유해 인간의 도덕성을 재고하는 『사막의 기하학(The Geometry of Desert)』(2012년)을 출간했다.

Interview Date 2015. 08. 31
Interview Place 예일 대학교 코네티컷홀
Photo Credit 이석혜

감사의 글

인터뷰를 허락해주신 열세 분의 선생님께 고개 숙여 감사드립니다. 인터뷰를 마치고 돌아설 때면 어김없이 또 다른 질문을 품고 나아가도록 자극해주셨습니다. 겹겹이 싸여 있던 무지의 꺼풀을 벗겨주셨습니다. 세상이 보다 공공을 위해 선택하며 진전하도록 귀한 시간을 내주신 어른들의 정성에 보답하고자 노력했습니다.

연재를 책임졌던 《경향신문》 한윤정, 도재기 선임기자에게 감사의 마음을 보냅니다. 격려와 조언으로 작업을 이어가는 데 힘이 되어줬습니다. 무엇보다 《경향신문》이 쌓아놓은 신뢰가 있었기에 연재 기간 동안 더욱 많은 분들과 소통할 수 있었다고 생각합니다. 《경향신문》에 고마움을 전합니다.

인터뷰를 녹취해준 동료이자 인터뷰의 첫 청취자인 아티스트 에이미 리드(Amy Reed)의 수고에 찬사를 보냅니다. 신문에 연재하는 동안 뛰어난 감각과 실력으로 도움을 준 방송작가 박창섭 선배, 원고를 읽고 조언과 격려를 보내준 후배 이서희 작가, 책이 나오기까지 아낌없이 지혜를 나눠준 선배 정연순 변호사님께 사랑의 마음을 전합니다.

인터뷰 현장의 면모를 사진으로 깊게 전달해준 김아람, 노치욱, 정연순, 신익섭, 장준희, 이석혜, Corky Lee, 그리고 유럽과 일본에까지 동행해준 이십오 년 지기 안선영 작가에게 감사드립니다. 인터뷰어인 제가 찍은 사진들을 삼십오 년 우정을 명목으로 보정해준 사진작가 최재웅에게 고마움을 전합니다.

이국의 언어인데도 화자의 에너지까지 주고받을 수 있도록 통역해준 일본어 김경채 박사, 중국어 김가원 선생에게 감사의 마음을 전합니다. 출간까지 완성도를 높이고자 이끌어준 위즈덤하우스와 한수미 분사장, 정지연 편집자에게 믿음과 고마움을 전합니다.

마음의 의지처인 이해인 수녀님, 법등 스님, 도진 스님, 타이완 여정에 물적·정신적으로 도움 주신 석천 스님께 깊은 존경을 보내며 건강을 기원합니다. 방송작가 이은경 선배, 화가이자 기자인 김효원 선배, 그리고 주춤하지 않도록 위로와 힘을 주시는 남복순 이모님께 사랑을 전합니다. 『사피엔스의 마음』을 완성하기까지 삼 년여 여정 동안 더 깊이 부모님의 사랑을 느꼈습니다. 아버지 안상환, 어머니 남길자 두 분의 믿음과 가르침을 늘 새깁니다.

가장 애쓴 남편 Brian Lim에게 깊은 감사와 사랑을 전합니다. 아들 재선(Arahan), 딸 홍경(Emily), 조카 안승덕, 정웅이 살아갈 세상은 모든 생명이 마음으로 연결되길 바라면서 사랑을 담아 아이들에게 이 책을 바칩니다.

국립중앙도서관 출판예정도서목록(CIP)

사피엔스의 마음 / 지은이: 안희경 — 고양 : 위즈덤하우스
미디어그룹, 2017
     p. ;   cm

ISBN 979-11-6220-106-0 03300 : ₩15000

마음[心]
사회 심리학[社會心理學]

331.1-KDC6
302-DDC23   CIP2017027083

사피엔스의
마음

초판 1쇄 인쇄 2017년 10월 30일
초판 1쇄 발행 2017년 11월 5일

지은이 안희경
펴낸이 연준혁

출판 1본부 이사 김은주
출판 1분사 분사장 한수미
책임편집 정지연
디자인 형태와내용사이

펴낸곳 ㈜위즈덤하우스미디어그룹 출판등록 2000년 5월 23일 제13-1071호
주소 경기도 고양시 일산동구 정발산로 43-20 센트럴프라자 6층
전화 031)936-4000 팩스 031)903-3893
홈페이지 www.wisdomhouse.co.kr

값 15,000원 ⓒ 안희경, 2017
ISBN 979-11-6220-106-0 03300